戦隊ヒーローから学ぶ
数字活用コミュニケーション術

報告に数字を盛り込んで、
会議を半減！会話を倍増！生産性アップ！

早稲田大学ビジネス・ファイナンス研究センター招聘研究員
中小企業診断士
佐々木 達郎

合同フォレスト

はじめに

「理想的なチームはドリフターズと戦隊ヒーローだ！」と信じている、理系中小企業診断士の佐々木達郎です。このたびは、本書を手に取っていただき、誠にありがとうございます。

理想的なチームを結成し、好きな仕事に生産性高く打ち込む。働き方改革が注目を集める中、社員が助け合い・支え合いながら成長していく職場を作りたいと願い、この本を書くことにしました。

私は実務やコンサルティングの中で、多くのチームと接してきました。自分が所属して良かったと思ったチームや、私も一員になりたいと願うような理想的なチームは、共通して次のような特徴を持っています。ドリフターズや戦隊の面々にも共通する特徴と言えるでしょう。

●1人ではできないパフォーマンスを発揮して、チームとして成果を出す。
●お互いに協力しながらも切磋琢磨を継続し、常に向上心がある。
●1人の個性とチームの個性がお互いに影響を与え合っている。

「1人ぼっちも嫌だけど、完全に個性が消えて組織の歯車になるのも嫌……」という、扱いが面倒な私でも、今までに良いリーダー、メンバーに巡り会うことができ、楽しく仕事をさせていただきました。

日産自動車の業績V字回復を実現したカルロス・ゴーンの言葉によると、リーダーの仕事とは「人のやる気を引き出すこと（Motivate the People）」に他なりません。メンバーのやる気を引き出し、気持ち良く仕事をしてもらう全ての取り組みがリーダーの仕事なのです。

本書では、数字を意識してコミュニケーションに盛り込むことで、日常業務の指示や報告を短時間で手戻りなく行うコツを紹介します。やり直しがなくなった結果、20分かかっていたやりとりが10分で済むように改善されると、一番の利益を得るのはリーダーです。個々のメンバーにとっては10分ですが、4人の部下とやりとりをするリーダーにとっては、

40分の時間が浮くわけですから。

しかし、数字を使ってコミュニケーションを効率化しただけでは、生産性の向上は微々たるものです。

捻出した時間を活用して、新しい製品開発やサービス改善を行う。こうして付加価値を付けることができて初めて、チームの業務生産性を大きく改善することができるのです。

本書では、チームでよく生じるトラブルや問題点を浮き彫りにするため、戦隊ヒーローたちに登場してもらい、解説を進めていきます。この戦隊ヒーローたちは、どこの職場にもいるようなタイプです。

彼ら戦隊メンバーの成長を通じて、読者の皆さんのチームも改善が進むことを願っています。

佐々木達郎

地方戦隊法人シャチレンジャー キャラクター紹介

司令

長年レッドを務めていたが、今は管理職。現役戦隊メンバーの良き相談相手だが、あまり席にいない。

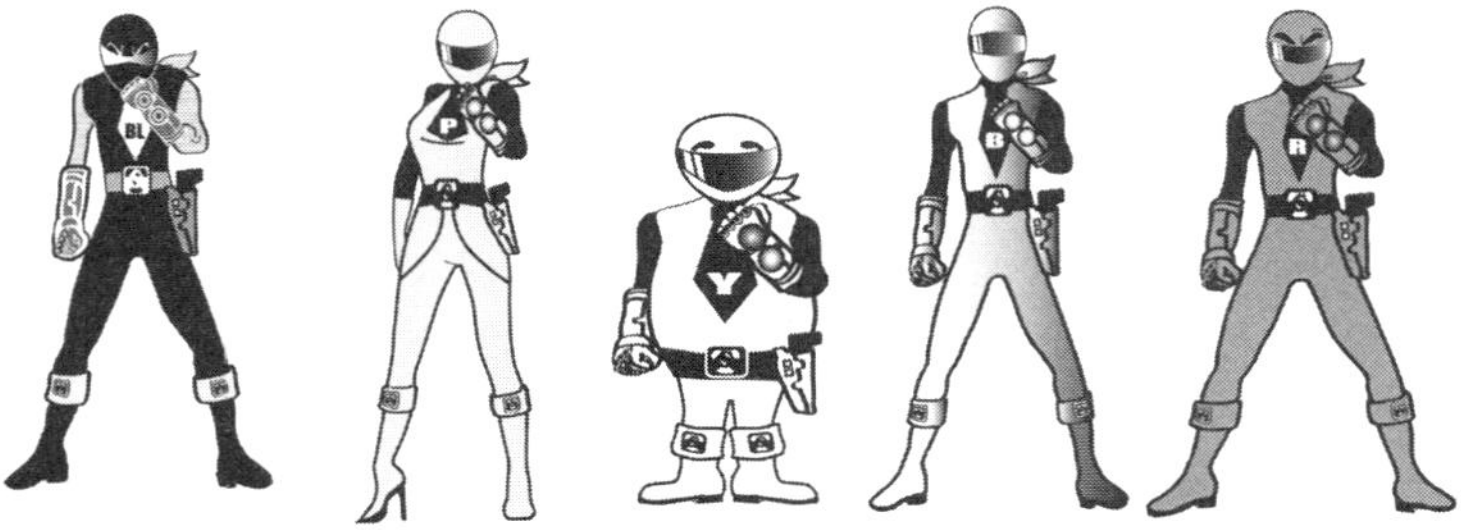

レッド

戦隊のリーダー。営業部門からの出向。情熱的で使命感に燃えてモチベーションが高い。逆にやる気のない相手に嫌悪感を持つ。

ブルー

経営企画室から出向。読んだ本の内容に基づいて実行しようとする理論派。丁寧な言葉遣いだが、現場よりも本を信頼する傾向がある。

イエロー

食欲旺盛で人懐っこい一面を持つ巨漢キャラ。難しそうなことは自分で考えずに周りの知恵を有効活用する。設備管理部門から出向。

ピンク

経理部門から出向し、戦隊でも経理を担当。新人の頃から無邪気に請求書を回してくる社員と戦い続けており、歯に衣着せぬ一言には定評がある。

ブラック

システム開発部門からの出向。待遇に不満を言いながらも手抜き仕事だけは我慢ならず、長時間残業が問題となっている。最近、基地の近所に引っ越した。

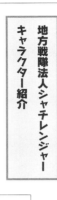

❖地方戦隊法人シャチレンジャー

事業を開始するときに「シャチのように獰猛に怪人を追い詰めて仕留めるように」との思いを込めて、会長の一存で決定した名称。「社畜のことだろ」と真実味溢れる噂が流れている……

《設定》

悪の組織に所属する怪人と戦闘員が、幼稚園のバスジャックや集団万引きなどの事件を定期的に起こすようになった21世紀の日本。

当初は警察が中心となって対応していたが、新兵器の登場や新怪人の性能アップが著しく、新技術の導入が思うように進まない警察組織では苦戦を強いられることが多くなってきた。

そこで政府は怪人事件への対応部門を第3セクターとして民間に委託することを決定。「地域の平和は地域で守る」ことを理念として、戦隊フランチャイズシステムの導入を決定した。

コンビニエンスストアのように、戦隊本部センターは変身スーツや合体ロボの技術と戦隊活動管理システムを提供し、ハードウェアの調達先の紹介を行っている。一方、地域で戦隊活動をしたい事業者はメンバーの募集と訓練、武器やロボットの調達と整備を行う。システム利用料を本部に支払うことで、技術提供を受けることができるため、今まで戦隊を構成して平和を守ったことがない事業者でも即座に戦隊活動を実行できる。

事業者は地方戦隊法人という法人格を取得することができ、これによって怪人・戦闘員に対する武器使用が合法化される。さらに、怪人が事件を起こした地域の自治体から事件解決費用を受け取ることで収益を得ることができる。

この「戦隊フランチャイズシステム」が普及したことで、地方戦隊法人の設立が相次ぎ、地域ごとにご当地戦隊が結成されることとなった。しかし、巨大ロボを整備・維持していくだけの資金力を持っている事業者は限られているため、怪人が巨大化する事件の場合は事件情報を共有して対応することが求められる。

シャチレンジャーは、大手機械メーカーが設立した地方戦隊法人である。地域貢献がビジネスチャンスになると思った会長の一存で戦隊事業への参入決定。社員の中から2年の期限を定めて出向することで戦隊を構成している。戦隊活動中は手当が拡充され、戦隊活動後も会長に気に入られて出世コースに入るとも噂されており、業務が激しいながらも志望者が相次いでいる。

目次

はじめに

地方戦隊法人シャチレンジャー　キャラクター紹介

第1章　チームのパフォーマンスを半減させる日本の職場

1　戦隊モノが5人である理由……18

2　人を増やしても仕事が楽にならない落とし穴……24

3　「私の本業は会議と資料作成です」

営業でも経理でも製造でもない悲しい本業とは？……30

4　社会人が使い分けるべき2種類のコミュニケーション術……36

まとめコラム　怪人と戦闘員に学ぶチームマネジメント　43

第2章 9割は自分の都合で解釈する、悲しい職場の日本語社会人が使い分けるべき2種類のコミュニケーション術

1 レッド「なるべく早くよろしく！（……明日には欲しいな！）」
ブルー「了解！（……2週間以内なら早いだろう）」……48

2 ブルー「丁寧にやってくれ（……こいつはいつも雑だから言っておかないと）」
イエロー「了解！（……僕はいつも丁寧だから普通通りだ）」……54

3 ピンク「経費を節約してよ（……予算を3割もオーバーしてるじゃない）」
レッド「了解！（……俺は無駄なことはしないから普通通りだ）」……60

4 レッド「東の方向から戦闘員が10人も来たぞ！　加勢してくれ！」
ブルー「待て！　東から来るのは10人だけだ。イエロー、西に回れ！」
イエロー「……僕にどうしろと？」……66

5 レッド「今週中に提出して（……金曜の昼には出るだろう）」
ブラック「了解！（……金曜の23時59分まで今週だ）」……72

まとめコラム　戦隊で育児休暇を取るには？　79

第3章　冷静な数字がないとハマってしまう、意思決定に潜む罠

1　ブラック「赤字は出てますが、失敗プロジェクトではないんです」
――「赤字を5億円出しても成功だ！」となぜか信じ込んでしまう理由……84

2　イエロー「ここで中止すると、今までに使ったお金がもったいないから、続けるべきだよ」
――「使った1億円がもったいない！」と、さらに1億円無駄にしてしまう理由……90

3　ピンク「経費の推移なら毎月グラフにしてるから私が一番よく知ってるわ」
――目の前で大きな変化が起こっているのに見過ごしてしまう理由……96

4　司令「私がレッドとして現場で働いていた時代は、怪人が毎週3人襲来していたよ」
――社長の営業昔話が、武勇伝にまで成長してしまう理由……102

まとめコラム　思い出は胸に秘め、判断は冷静に頭で　109

第4章 数字を使って上司から一発OKを獲得する報告のコツ

1 司令 「逃亡して潜伏している怪人を3日以内に探し出せ！」
×「この予算で3日なんて無理ですよ！」
○「この範囲なら経費上限を5000円増額できれば可能です」
――できる・できないの議論から建設的な提案に切り替えるコツ …… 114

2 ピンク 「相手が値下げしてきたなら、私たちも値段を下げないと……」
×「このままだとライバルに取られてしまうから、相手よりも低い値段にしよう」
○「いや、戦隊トレーディングカードを付けて値上げすべきだ」
――数字を使ってお客さまの満足ポイントをあぶり出す技術 …… 120

3 ブラック 「今回の出撃は、戦闘員用にいくつ弾を用意すればいいんだ？」
×「300～400発くらいじゃないか？」
○「200発だ。戦闘員1人につき5発、予想登場人数20人、有効命中率5割だろう」
――数字で報告して、すんなりと承認を取り付ける技術 …… 127

4 ブルー 「ピンク、君は射撃訓練で命中率を10%アップするべきだ」
×「平和を守るためには必要だ！　頑張れ！　気合だ！　気合を入れろ！」
○「早く倒せれば、レッドの説教も2時間減って、午後から買い物に行けるでしょ」
――数字でチームを動かす技術 …… 133

5 イエロー「先週の保険屋さんとの懇親会の領収書、10万円で清算よろしく」
×「俺たちが現場で平和守ってるんだから、細かいコト言うな」
○「このおかげで怪人被害保険の適用枠が広がって、毎月30万円は浮くよ」
――経理部門を味方に付ける数字の活用法……139

6 レッド「ファイナルアタックをもっと速く発射できるように特訓だ！」
×「そうだな。全員の速度10％向上を目指した訓練策を作ろう」
○「いや、ボトルネックになっているレッドを改善しないと遅いままよ」
――成果が出る改善と出ない改善を見抜く数字の活用法……145

7 ピンク「個人の対怪人用武装の出力を10％パワーアップしたらどう？」
×「確かに効果的だな！　早速やってみよう」
○「いや、実は最大出力よりも持続時間を10％延ばした方が効果的なんだ」
――一番重要な課題を浮き彫りにする数字の威力……151

8 ブラック「ちくしょう、どれだけ攻撃すれば奴を倒せるんだ!?」
×「諦めるな！　例年この時期の怪人なら、1人平均10発当てれば倒せるはず！」
○「ブラックの攻撃の威力なら、関節に3発当てれば十分だ！」
――アバウトでも人に刺さる計算の仕方……158

まとめコラム　戦隊に求められる週次報告書とは？　164

第5章 言葉をスパイスにして数字で部下を動かすコツ

1 「君が考えた攻撃力10％増プランが、どのように怪人退治につながるか考えてみよう」
——そもそもの目的まで立ち返る「急がば回れ法」……168

2 「その計画ではコストが30％減るから、イエローの食費が1年分浮くくらいだね」
——数字から言葉に戻す手伝いをする「翻訳サービス法」……174

3 「5回連続で攻撃を成功させた奴を初めて見た！普段の努力の賜物だな！」
——部下の成長を促す「努力承認術」……180

まとめコラム 戦隊が生産性良く平和を守る方法 186

第6章　数字に自分が騙されない、数字を使った分析のコツ

1　「スーツの生地の仕入先はどちらが得なんだろうか？」
――「こうじゃないかな？」仮説が効率化につながる理由……190
2　「怪人の攻撃成分、99％水なら安心だな」
――自分が気にしている数字だけ追いかけていると……195
3　「新型弾と旧型弾、結局どっちが有効なんだ？」
――パーセント表記のうまい活用、まずい活用……202
まとめコラム　俺はイケメン戦隊には負けてない！　210

第7章　数字を使ってはいけないチーム運営のタイミング

1 ×「今日の反省を入力しておいてくれ！　解散！」
——メンバー間の情報共有の手間まで全部省こうとする……214

2 ×「次回の作戦アイデアを効果見込みと一緒に報告してくれ！」
——数字化できるアイデアだけに縛られて、画期的なアイデアが出なくなる……220

3 ×「さっさと決めてください よ。30分も過ぎてますよ」
——会議の意味合いを誤解してプレッシャーをかけてしまう……227

4 ×「失敗すると査定が下がるから、今のままでいいよ」
——数字が人の心配する気持ちに刺さり過ぎる使い方をしてしまう……234

まとめコラム　数字を使うなってどういうこと？　241

おわりに

第1章

チームのパフォーマンスを半減させる日本の職場

1 戦隊モノが5人である理由

5人5色の若き変身ヒーローたちが、治安を乱す怪人を倒して平和を守る特撮番組。皆さんも子どもの頃、またはお子さんと一緒にテレビで見たことがあると思います。

5人の若者が世界の平和を守るために、5色のコスチュームをまとったヒーローに変身して、事件を解決していきます。

物語の前半は、事件の捜査、雑魚っぽい怪人との肉弾戦、変身してからの格闘戦、5人そろっての団体戦、必殺技で締めます。

そして物語の後半は、怪人が復活して巨大化、巨大重機に搭乗して出撃、合体して巨大ロボに変形、必殺技で締めて、後片付けとなります。

このように、彼らの業務は非常に多岐にわたって複雑です。

大人になって、仕事の大変さを覚えてから改めて見返すと、彼らの働きぶりには脱帽です。

そもそもこれだけ過酷な仕事なのですから、メンバーを5人と限定せずにもっと増やしたほうが良いかもしれません。

ＪＩＳ慣用色名の「シグナルレッド」「トマトレッド」「ポピーレッド」などをフル活用すれば最大２９６色まで拡張できます。

メンバーの数を増やし、担当やローテーションを十分に考慮すれば、個人の負荷を減らし、悪の組織に対抗して勝利することもできるかもしれません。

募集要項を書き始める前に、一度ここで考えてみましょう。

「あなたの部署20人全員で、戦隊業務を担当することになったとしたら？」

部長をレッドとして、強いリーダーシップの下に行動するでしょうか。

それとも課長たちが分担しながら、チームワークを働かせて、任務を遂行するでしょうか。

または、若手たちが切磋琢磨しながら、新しい取り組みを考えていくでしょうか。

もしくは、次のようなレッドが続出することはないでしょうか。

レッド 品川駅で怪人が出現！　出撃だ！　……ん？　ピンクが来てないな。どうした？
イエロー 今日は早退するって。明日から台湾に1週間旅行に行く準備だそうです。
レッド 早退？　旅行？　どっちも聞いてないよ！

＊＊＊

レッド 雑魚に構わず、ボスだけ仕留める作戦でいこう。俺が突っ込むから援護してくれ！
イエロー 援護って何をすればいいの？　具体的に指示してください。（待機）
ブラック よく分からんけど、雑魚と怪人をまとめて攻撃した方が良くね？（待機）
ブルー この作戦は損耗率を考慮してませんね。データに基づいて再考すべきです。（待機）

レッド　議論してる状況じゃないだろ！

レッド　なんでトリガー引いても必殺技キャノンが発射されないんだ？

ブルー　使用不可と報告済みです。昨日のメールの添付ファイルに明記しました。

レッド　大事なことは最初に言おうよ！

＊＊＊

レッドが苦労しているシーンを、いろいろなシチュエーションを織り交ぜながら紹介しました。

20人が総動員で戦隊業務に就く時、最大の敵は怪人ではないのです。

最大の敵は……上司・同僚・部下など、同じ職場のメンバーなのです！

正確には「メンバーとのコミュニケーションが最大の難関になる」と言えるでしょう。

ここでの鍵は「コミュニケーション費用」という考え方です。

これは「チーム内で認識を共有して足並みをそろえるために必要なコミュニケーション時間」のことです。

仕事では、業務の内容・目標・進捗状況・トラブル対応履歴・急な変更内容などさまざまな情報をメンバー間で共有しています。

自分以外のメンバーが1〜2人と少数の場合は、情報共有の負荷もあまり大きくなりません。ですから、業務を進めながら困ったらすぐに聞くという対応ができるはずです。他のメンバーが何をやっているかも、見えやすい規模でしょう。

しかし、メンバーが増えてくると、仕事も増えて共有すべき情報の量も一緒に増えていきます。

休暇を取ったり出張に出掛けたりして、メンバー全員がなかなか集まれないタイミングも出てくるでしょう。するとミーティングでの会話だけでは、情報の抜けや漏れが頻発しそうで怖いですね。

ですから、ネットワーク上で電子ファイルを共有し、電話やメールに加えてSNSや情報システムの手助けも必要になってきます。

メンバーの人数が増えるに従って、処理できる仕事量も増えていきます。それに加えて、メンバー間で情報共有に必要な時間（コミュニケーション費用）も一緒に増大していくのです。

特に戦隊モノの場合、怪人との戦いはケース・バイ・ケースで予測が付きません。武器の使い方やロボットの操縦方法は、マニュアルとトレーニングで習熟できますが、怪人への対処の仕方は現地で敵の動きを見ないと判断できません。それだけ、プロフェッショナルな仕事が求められるとも言えます。

実戦では、レッドはメンバーに目配りをして様子をうかがい、指示を出すのは必殺技の発射タイミングや合体変形の合図くらいです。

ことあるごとにレッドに指示を仰ぐメンバーはいませんし、箸の上げ下ろしまで細かくメンバーに指示するようなレッドもいないでしょう。みんな、各自の仕事をこなしつつチームとしての和も保ちながら戦っているのです。

チームで仕事をする場合、人数が少な過ぎると戦力が足りませんが、多過ぎるとコミュニケーション費用がかかり過ぎてパフォーマンスが悪くなります。

特に、外部環境がリアルタイムに変化するような難しい仕事をこなす場合、意思疎通しながらも、個人が高いパフォーマンスを発揮するには「5人」が適切な規模です。難しい外科手術チームもこのような人数規模で構成されると言われています。

2 人を増やしても仕事が楽にならない落とし穴

ピンク　最近、敵の戦闘員の数がやたら増えてない？

ブルー　増えてますよ。今までは一度に3～4人の戦闘員を相手にしてたのに、今月になってからずっと5人を超えてますね。戦闘員が片付いてから怪人戦ですから、前座の負担が重くなってます。

レッド　これだけ世間は人不足の採用難だというのに……戦闘員の待遇良いのかな？

イエロー　うちも人増やそうよ。50人くらいにすれば、戦闘員1人に僕たち2人付くことになるから、戦いがめっちゃ楽になるよ！

レッド　それはヒーローの絵面的には大問題だが、増員は司令に掛け合ってみるよ。

＊＊＊

司令　訓練生を加えて大所帯で出撃したそうだね。どうだった？　負担は減ったかね？

レッド　どうもこうもないですよ！　訓練生は後ろで武器構えて立ってるだけだし、号令掛けても聞き返してくるからテンポ悪くなるし、面倒見なきゃいけないからメンバーの手間も掛かってくるし。全然楽にならないですよ。正義の心が足りんのじゃないっすかね！

司令　（これは重症だな……）

仕事ができる人・スキルを持った人を集めさえすれば、自動的に良い仕事ができる……わけがありません。残念ながら。

メンバーの人数が増えると、仕事の処理量も増えていきます。優秀な人材が加われば チームの処理量や処理速度も向上するでしょう。

その一方で、チーム内のコミュニケーション費用も一緒に増大していきます。

たとえば、「顧客とのミーティング時刻が、明日16時から13時に変更になった」という情報をメンバー間で共有するとします。全部で5人規模の場合、メールやSNSで送った後に事務所で直接声を掛ければほぼ伝わるでしょう。

しかし、これを20人の規模で行うとどうなるでしょうか？

送ったメッセージは既読になっているが相手からのリアクションはなく、共有カレンダーも更新したけれどアクセスしたかは分からず……。

結局一人ひとりに電話を掛けて内容を伝えると、

「メッセージで見たから知ってる！　いちいち電話するな！」と怒られたり、

「そんなの聞いてない！」と既読になっているのに内容を読んでなかったり、

「15時まで商談があるから、日程を変更してもらえ」と再調整を要請されたり……。

このようにしてコミュニケーション費用は増大していき、リーダーやメンバーの貴重な仕事時間をむしばんでいくのです。

チームにメンバーを増員した際に、円滑なチームワークが構成されない落とし穴を、私はコミュニケーションにおける【魔の川】【死の谷】【ダーウィンの海】と呼んでいます。

■魔の川▼▼新メンバーの初期コミュニケーションでハマる罠

メンバーの一員として認められるまでの間に超えなくてはならないギャップを、コミュニケーションにおける「魔の川」と呼んでいます。

特に新規で加わったメンバーは、そのチームでの仕事は当然未経験です。どんな仕事にも、多かれ少なかれ現場特有のローカルルールが存在しますし、「仕事とはこのようにするものだ」という価値観が育っています。

新規メンバーが着任した直後は、これらの情報も言葉に変えて伝達していく必要があるため、コミュニケーション費用が極めて高い状態からスタートします。

期待の新人であっても、中途採用の経験者であっても、ようやく来てくれたアルバイトさんであっても同じです。配属直後のコミュニケーション費用が高いことをしっかり受け止めて、丁寧に説明していくことが欠かせません。

ここで「最近の若者は!」「業界経験者のくせに何も知らないんだな!」などとコミュニケーションの手間が掛かることにイライラしてしまうと、初っぱなから人間関係が崩壊の危機に立たされます。

人間関係がギスギスしていると「メッセージが来ても返信をしない」「面倒に感じたら指示を忘れたふりをする」といった振る舞いも現れるようになります。

結果的に、そのメンバーに対するコミュニケーション費用はこの先ずっと高いままになってしまうのです。

■死の谷▼▼既存メンバーの仕事を新規メンバーに割り振らない罠

新規メンバーが組織の知識を一通り学習し、馴染み始めてから生じる罠を私はコミュニケーションにおける「死の谷」と呼んでいます。

配属初期の頃は教育に重点を置くため、ある程度リーダーや教育担当の仕事を他メンバーが肩代わりすることもあります。仕事の閑散期に初期育成を行うというやり方もあるでしょう。

「魔の川」を乗り越えて新規メンバーが組織の価値観を理解してくると、事細かに説明しなくても話が通じるようになっていきます。

やがて、後はＯＪＴ（On-The-Job Training）で育成しようという方針になると、既存メンバーは従来の分担されていた仕事量をこなすようになります。

ここで思い返していただきたいのは、「人数が増えるとコミュニケーション費用は増大する」という点です。チーム内で情報を発信する機会が多いリーダーに特に顕著です。増員してコミュニケーション費用が増大しているのに、リーダーが以前と同じ業務量を割り当てられたままだと、以前より仕事に充てる時間は当然なくなります。

「増えた仕事は新しいメンバーが担当するから、既存メンバーは今までの仕事を同じようにこなしてね」という、一聞納得しそうな上司の言葉の裏には、増大したコミュニケーション費用がケアされておらず、人が増えたのに仕事の負担が減らないリーダーの苦悩が潜んでいるのです。

■ダーウィンの海▼▼人が増えたのにコミュニケーション方法を見直さない罠

人数が少ない時は、プリントアウトした資料を共有デスクに置くというやり方でも機能します。出張に出掛ける時は、オフィスのホワイトボードに「出張　直帰」と書いて行けばその人の予定も共有できるでしょう。

人数が増えても、ある程度までは既存のやり方で賄えます。しかし、やがては紙やホワイトボードでの管理も限界を迎える日が来るでしょう。人数規模に応じて、適切な情報共有のツールや仕組みを取り入れていかないと、増大するコミュニケーション費用が仕事を圧迫し続けてしまうのです。この状態を、私は「ダーウィンの海」と呼んでいます。

「電子ファイルは嫌だ。書類は全部印刷して机の上に置いとけ」「自分の名前が明記されてない失礼なメッセージは無視する」なんていう、困った上司はいませんでしたか？

このように、人は増えても情報共有に手間が掛かってしまい、思ったほど楽にならないという事態はどのチームにも起こり得るのです。

3

「私の本業は会議と資料作成です」営業でも経理でも製造でもない悲しい本業とは？

レッド　今週の予定が決まったぞ！　月曜は戦闘フォーメーション革新会議を行うから、1人3個ずつ新フォーメーションのアイデアを考えて参加してくれ。ピンクは当日までに模造紙と付箋を多めに用意しておくように。

ピンク　今週もやるんですか……。
レッド　火曜と水曜は各自の武器の改善検討会議だ。火曜がビームピストル、水曜は接近戦用ソードの製造会社の開発担当が来てくれる。武器に関する要望があれば、前日までにメールで伝えておくように。試作品も持って来るそうだから、試し撃ちも忘れずにな！
ブラック　研修を受けるだけで残業ですよ、これ……。
レッド　木曜は先週の出撃で派手に壊したビルの補償問題で、保険会社の担当が調査と面談に来る。下手なことは言わずに、正義の熱き情熱だけ答えるんだぞ！

イエロー　その事務手続きまで僕らの担当なの？

レッド　金曜は月次の定例報告会の日だから、資料は前日までにカラー印刷して各自の机の上に配っておいてくれ。最近は誤字脱字が多いから校正や資料チェックの時間も取っておけよ！

ブルー　……俺たち「会議戦隊会議マン」でいいんじゃねぇの？

社会人が名刺交換して自己紹介をする時、「営業担当のレッドです」「工場でA製品の生産を担当しているブルーです」「社内SEのブラックです」などと自分の仕事や担当を簡単に伝えることがあるでしょう。

この時は間違いなく〝自分が本業だと思っている仕事〟を伝えているはずです。

さて、質問です。「あなたが一番時間を割いている仕事は何でしょうか？」

先ほど答えて頂いた「自分が本業だと思っている仕事」に勤務時間の何％を充てているでしょうか？

『営業マンの時間の使い方・日米比較（株式会社日本能率協会コンサルティング）』という衝撃的なレポートがあります。

これによると、米国の生産財営業担当は顧客との面接時間に勤務時間の41％を充て、書類整理と会議に要した時間が20％でした。一方、日本の生産財営業担当は顧客との面接時間に勤務時間の25％を充て、書類整理と会議に要した時間が何と54％だったのです！

日本の営業担当の場合、勤務時間の半分は書類整理と会議に使われており、お客さまとの商談は社内会議に要した時間の半分にすぎなかったのです。

営業担当であれば、本来はお客さまとの商談・商品やサービスの提案を通じて「お客さまのニーズを把握する」「お客さまに価値を提案する」仕事に十分な時間を割きたいところです。

米国の調査を行った『マグロウヒル・リサーチ・レポート』によれば、「41％しか営業活動に時間を割いていないのは残念であり、対策を考えたい」（引用同）と指摘しているそうです。米国に「41％しか」と言われてしまったら、25％しかない日本は立つ瀬がありません。

このレポートにあるような「社内業務の割合が非常に高い」残念な人たちは、営業以外でも職場の至る所で見られます。

●部内会議資料の一言一句に赤ペンを入れ続け、完成するまで許さない上司
●会議資料の文字ズレを決して許さない完璧主義な同僚
●売上アップ対策会議の準備に忙しくて、客先を訪問する暇がない営業
●問い合わせ電話が鳴りやまない社内システム部門
●調べ物を始めるとインターネット検索とＰＤＦファイルの印刷だけで丸１日使う部下
●日常業務が回らないレベルまでファイル管理を厳密化する情報セキュリティー担当

どうしてこのように社内業務・会議が増えてしまうのでしょうか？　本業をサボるために社内業務を増やしているわけではないはずです。

最大の要因は「自分の仕事内容を計測していないから」です。製造ラインでは忠実に実行されているのに、オフィス業務ではほとんど実行されていないのが実態です。

日本の製造業を支えた「生産管理」においては、作業を「お客さまへ提供する価値を作り込む工程」「価値を生まない工程」の2つに分類します。

部品を削る・組み立てる・塗装するなどの工程は価値を作り込む工程ですが、運搬する・保管する・予定の時間まで待つなどの工程は、価値を生まない工程になります。

製造業の生産管理では、価値を生まない工程を極力減らしていき、無駄を取り除くことで勤務時間内に生産できる価値を最大化しているのです。「その作業は価値を生むのか生まないのか」で分類し、計測しているからこそ改善につながっていると言えます。

製造ラインでは、作業員の目の動き・一挙手一投足まで記録して体の動きや道具の配置を最適化していますし、最近ではカメラやセンサーで取得したデータを基に改善を図る事例も出てきています。

一方、オフィス業務では顧客に価値を生む業務か否かの線引きが曖昧ですし、計測するような習慣も根付いていません。

「今回のお買い得キャンペーンは、先週の会議で内容が決まったんです。部長に5回もダメ出しを食らってしまいまして。深夜まで残業して誤字のない会議資料を作るのは大変でした。3週間ほど顔を出せなくてすみません！」なんて売り文句をぶつけても、価値を生まない作業内容の説明はお客さまの心には響きませんよね。

本当に重要なのは、キャンペーンの中身です。お客さまの購買につながる内容にするために、自分が行う業務が役に立つか否かで線引きをするべきです。

本業でお客さまへ提供する価値を作り込むために、チーム内で会議を開いて議論を交わす時間は必要です。しかし、何となく職場の雰囲気に合わせ、和を乱さないように会議に参加し続けていると、「私の本業は会議と資料作成です」になってしまうくらい、自分の勤務時間が消費されてしまうのです。

社内会議や資料を減らして時間を捻出し、顧客に提供する価値を作り込む業務に時間を充てる。これが生産性向上の大きなテーマとも言えます。

4 社会人が使い分けるべき2種類のコミュニケーション術

レッド ブルー、前回の戦闘データ解析は終わったか?

ブルー　終わってますよ。レッドが戦闘員5人倒してビームピストルの命中率75%、ブラックが……。

レッド　口頭で言われても分かんないよ！データ送ってよ。

＊＊＊

レッド　ピンク、司令が今月の経費が多過ぎるって怒ってたぞ。どの経費が多かったんだ？

ピンク　ブラックが兵器を改造したいからって、パーツを海外のサイトからバンバン買っちゃったんですよ。ブルーもロボのカラーリングを自分好みにしたいって専用ペンキを買っちゃうし！イエローなんか夜食用に1500円のレトルトカレーをたくさん買い込んでたんですから！　それから……。

レッド　口で説明するんじゃなくて、経理データを見せなさい。（データを吟味して）おいピンク、君のコスチュームだけが高級ブランドで特注されているのはどういうことだ？

＊＊＊

レッド　イエロー、巨大ロボに変形した時に間違って塀を壊しちゃったご婦人の家にちゃんと謝罪に行ったか？

イエロー　ちゃんとおわびのギフトクーポン付けてメールしといたよ。

レッド　事情を説明に来いって怒ってたんだから、メールだけで済ませちゃダメでしょ！

レッド　司令の今後の見通しは衝撃的だったなぁ。ブラック、君はどう思った？

ブラック　感じたことをレッドにメッセージしておきました。

レッド　あ……そうなんだ。分かった、読んでおくよ。

会社でのコミュニケーションには大きく分けて2種類存在します。

決まったやりとりをする定型コミュニケーションを「モジュラー型コミュニケーショ

ン」といい、いろいろな意見を出し合って複雑なやりとりをする非定型コミュニケーションを「インテグラル型コミュニケーション」と呼んでいます。

「モジュラー型」「インテグラル型」の用語は、もともと技術経営の製品アーキテクチャ論からきている言葉です。モジュラー型とは1つの部品が1つの独立した機能を持ち、部品と部品の接続点（インターフェース）が定まっている構造を指します。パソコンが良い例で、メモリやハードディスクを個別に選んで部品を組み合わせれば問題なく機能します。

一方のインテグラル型では、1つの部品が複数の機能に影響を与えます。ある力所を調整すると別の力所でも調整が必要になるような複雑な構造を指します。自動車などが典型例とされており、エンジンやボディーは複雑に関係し合っているので、常に全体のバランスを見ながら最適になるように設計していきます。

私は、このアーキテクチャ論の考え方を、コミュニケーションの分類法にも応用しています。「モジュラー型コミュニケーション」とは、人と人との接点（インターフェース）をあらかじめ決めておき、お互いに掛かる負荷を減らして意思疎通できる仕組みです。感情ではなくて事実（ファクト）を共有する時に有効です。

身近な例を挙げると、新聞のテレビ欄が該当します。横にテレビ局が順番に並び、縦に時間帯が並んでいて、交差する所に放映される番組と簡単な紹介が記載されています。これは表の形式があらかじめ厳密に決まっていることで、読み手が時間帯と番組を素早くチェックすることができるようになっています。

日によってテレビ局の順番がバラバラだと探しにくいですし、時間帯の違う所にまではみ出して記載していると間違いやすいですね。お互いに事前に取り決めをすることで、情報共有・意思疎通の手間を減らしておくことができるタイプのコミュニケーションです。

これは、会社では定例の報告書などが該当します。今週の売上報告や保守記録、お客さまからの電話注文記録など、ルーティンの業務として定着したものであれば、書類の形になっていることでしょう。

もう1つの「インテグラル型コミュニケーション」は、その時、その状況に応じて最適な受け答えが変化していくタイプです。感情や考えをメンバー間で共有するコミュニケーションでよく見られます。

身近な例であれば、映画を見た感想をおしゃべりしているところでしょうか。今日の映

表1　コミュニケーションの分類

	モジュラー型 コミュニケーション	インテグラル型 コミュニケーション
形　　式	定型・繰り返し使用	非定型・その都度
活用シーン	定期報告	相談・面談・交渉・アイデア出し
伝達・共有内容	事実（ファクト）	考え・感情
経　　路	一方通行	相互に交換
受け答え回数	１回	スピーディーに複数回
媒体の形式	文書・表・電子ファイル	口頭・ディスカッション

画は良かったか・好みにあったか・感動したか……と話が進むと、相手の反応によって次の話の振り方が変わってきます。

相手がとても気に入ったのであれば、良かったシーンについて深掘りして聞いていくでしょう。出来栄えに不満そうであれば、「こうだったら良かったのに」と感じるポイントに話を振っていくなど、臨機応変に変わってきます。

仕事の上では、アイデアを出し合うブレインストーミングや、考えを共有するための意見交換会などが該当するでしょう。他社との交渉ごとや、部下や上司との面談もこちらに該当します。

コミュニケーションが始まると、相手の出方に応じて言葉を選んで発言していくことに

なります。一度始まると、スピーディーに進行していくため油断はなりません。（表1）

仕事を進める上では、2種類のコミュニケーションを使い分ける必要があります。

しかし、現場では「モジュラー型で伝えるべき内容を、感情を盛り込んで思い付いた順にしゃべった結果、上司をイライラさせる」「インテグラル型にやりとりする必要があるのに、メールだけで済まそうとして相手を炎上させる」など、コミュニケーションのミスマッチが多分に存在します。

本書では、数字を使って事実（ファクト）を効率的に伝達するモジュラー型コミュニケーション法について解説していきます。手早く済ませられるものは手間を掛けずに効率的に行い、価値を作り込む議論に時間を割いて付加価値を高めていく。これが企業の生産性を上げていく最大のポイントです。

まとめコラム　**怪人と戦闘員に学ぶチームマネジメント**

レッド　メンバーを増やせば増やすほど、情報を共有するにも手間が掛かるようになるのは分かった。これをコミュニケーション費用っていうんだな。

イエロー　この戦隊はレッドの言うことを聞かないメンバーが多いから、コミュニケーション費用も相当高いんだろうね。ところで、コミュニケーション費用は大企業とか人数が多い組織ではどうなるんだろう？　毎週戦っている戦闘員たち、人数は僕たちよりもかなり多いけど、統率は取れているよね。

ブルー　だいたい2パターンあるかな。1つは役割分担を決めて、メンバーで共有する情報の種類や幅を狭めてしまうことだね。全部の情報を満遍なく共有するのではなくて、自分が担当する業務内容や担当地域に関連することだけを共有するタイプだ。営業なら営業の仕事に関することだけ、九州エリアなら九州エリアのことだけというふうに。

イエロー　なるほどね。戦隊を役割分担で区切ったら、ブルーが先生でブラックがメカ整備、僕がカレー調理でピンクが経理、レッドが戦闘って感じかな？　そ

うやって分担すれば、コミュニケーション費用を抑えることができるし、どんどん専門分野に強くなっていけそうだね～。

レッド　メンバーが5人いるのに怪人と戦うのは俺だけって、もはや戦隊じゃないでしょ、それ……。

ブラック　情報を共有する分野を限定すれば、情報量を減らすことができる。ただ、メンバーは自分の担当分野しか知らないから、全体的な情報を持っているのはトップだけになるんだな。

ブルー　トップが全体情報を把握して担当に振り分けていくことになるから、トップの負担は大きいね。もう1つのスタイルはビジョンやミッションを強く共有することで、細かい指示を出さなくても業務が回るようにするタイプだ。フラット型組織という上下関係のない会社で取り入れられている。

ピンク　悪の怪人組織はどちらに入るのかしらね？

ブラック　大首領と幹部がいて、その指示命令系統の下に怪人がいるから、ピラミッド型をしているんだろうな。ただ、末端の戦闘員は定期的に総入れ替えになっているし、戦闘現場では細かい指示を出していない。おそらく、戦闘員のミッションを明確にしてコミュニケーション費用を抑えているんだろうな。

レッド　戦闘員のミッションって何だ？　俺たちを倒すことなんだろうけど。

ピンク　いえ、奴らは怪人の前座として私たちを倒すことではなく、スタミナを削ることをミッションとして掲げているはず。難しいフォーメーションや連携などは一切なし。とにかく戦隊メンバーにつかみかかり続けることで相手を弱らせることができれば、怪人が戦闘に勝つ確率が上がると信じているのね。

レッド　しかし、俺たちがそうやるわけにもいかないよなぁ。密な連携が必要だから、役割で区切るのも問題があるし、状況が刻々と変わるから仕事も単純ではないし。どうやればいいんだ？

ブラック　状況は複雑になっていくものだから、共有すべき情報自体はそれほど減らない。やはり効率的なコミュニケーションが必要ってことだな。

ブルー　全くだ。言葉が理解できれば意図が伝わると思ってしまいがちだからな。みんなが自分の都合や好みで情報を発信するようになると、コミュニケーション費用は跳ね上がってしまうよ。

イエロー　そうならないために、戦闘記録などの定例事項はモジュラー型の報告フォーマットを決めたんだよね。

レッド　俺たちの本業は、怪人たちの魔の手から世界を守ることだからな！　そこに専念できるようにコミュニケーションの取り方を見直していこう。

第2章

9割は自分の都合で解釈する、悲しい職場の日本語社会人が使い分けるべき2種類のコミュニケーション術

1

レッド　「なるべく早くよろしく！（……明日には欲しいな！）」
ブルー　「了解！（……2週間以内なら早いだろう）」

レッド　ロボットへの合体時のエラーが増えているな。合体に失敗すると、巨大化した怪人に手も足も出ないから死活問題だ。ブルー、なるべく早く対策案を提案してくれ！
ブルー　了解！（2週間以内なら早いだろう）

＊＊＊

ブルー　合体エラーの原因の多くは、オート操作からマニュアル操作に切り替わる時に起きているな。ブラック、変形合体時のナビシステムが正しいか、なる早で調べてくれないか？
ブラック　分かったよ（そのナビは外注していたから、調査に1カ月くらいかかるかもなぁ。窓口やっていたイエローに聞かないと）。

＊＊＊

ブラック　イエロー、ナビシステムの外注先を教えてくれないか？　ASAP（As Soon

As Possible＝可能な限り早く）で！

イエロー　どこだったかなぁ……調べて連絡するよ（ＡＳＡＰって何だっけ？　今日はもう帰るからピンクに任せよう）。

＊＊＊

イエロー　ピンク、ナビシステムの外注ってどこに依頼したかな？　ブラックが知りたいそうだよ。

ピンク　月末の締めで忙しいんだから、酸素吸ってる暇があるなら自分で調べなさいよ！

（1週間後）

レッド　ロボットへの合体時のエラー対策案、進捗はどうなっている？

ブルー　ナビシステムを作ったメーカーの名前を突き止めたところです……。

レッド　何も進んでないよ！　なるべく早くって言ったじゃん！

仕事をしていて「なるべく早く」と言われることは多いですし、言いたくなる気持ちも分かりますね。他の案件よりも自分の依頼したことを優先して処理してくれれば、自分の仕事も早く進むわけですから。しかし残念なことに、期限を「なるべく早く」と伝えて早まることはそうそうありません。

その理由は大きく分けて2つあります。

1つ目は、全員が「なるべく早く」と要求した結果、分け隔てなく順番に処理されるからです。

これは、仕事のメールでよくある例ですが、タイトルに【至急】と入れておくと、最初のうちは上司が他の件より優先して処理してくれるので、至急依頼の意味が出てきます。

時間がたち「あの課長はタイトルに【至急】と書くとすぐに処理してくれる」という噂が回り始めると、やがて全てのメールのタイトルに【至急】が付くようになります。

さらには【超重要！】【！大至急！】【ASAP】【秒速で！】といったスパムメールのようなタイトルが増えていき、ますます内容が分かりにくくなるという残念な結果をもたらします。


2つ目は「なるべく早く」という言葉に対して、お互いの基準が共有できていないからです。

たとえば「消防車はなるべく早く火災現場に向かう」という文章であれば、1秒を争うレベルで急いでいると判断できるでしょう。人命を救うため1秒でも早く消火活動を始められるように、赤信号もすっ飛ばす勢いで急ぐことは多くの人の共通認識になっています。

しかしながら「私はなるべく早く待ち合わせ場所に向かう」という文章では、印象がばらついてきます。頻繁に会っている友人との待ち合わせであれば、寄り道せずに移動することを「なるべく早く」と表現することもあるでしょう。これが大事なお客さまとの商談であれば、タクシーでも何でも全部使って急ぐことを「なるべく早く」と表現しているのかもしれません。

このように、言葉で表現された場合は、その裏にある文脈（コンテクスト）から基準を推測することになります。救急車など、急ぐイメージを共有できる対象ならいいのですが、日常的な仕事の依頼であれば基準がばらつくことが圧倒的に多くなっています。

結果として、個人個人の都合の良い「なるべく早く」の基準に基づいて進行することになり、思い違いが発覚した頃に仕事が大炎上してしまうのです。こうなったら、上司という救急車やレスキュー隊の助けを借りなくてはなりません……。

最もシンプルな解決方法は、「期日を明確に決めること」です。

期日を設定することで、メンバーが「この期日までに間に合わせるためにはどうすればいいか」と建設的に考えるようになります。みんなでアイデアを出して議論していく過程を経て、初めて具体的な打ち手が生まれてきます。「目標はないけど、取りあえず頑張って早く終わらせます！」で、納期が短縮された例はありません。仕事では、目標を設定するからこそ改善できるのです。

期日を設定する場合、カレンダーで日付を指定して日程調整することを強くオススメします。

関係者が複数関わっていて、期日をその場で回答できない時は、「仕事の締め切りを決定する日」を決めておくと良いでしょう。「調整できたら連絡します」を認めてしまうと、期日を決めていないことと同じなのでズルズルと遅れてしまいます。

打ち合わせの際には「仮の期日」または「期日を決める日」を具体的に設定しておくことで、意識を固定する（アンカリング効果）ことができ、期日が延び続けることを防ぐことができます。


「早ければ早いほどありがたいです！　期日を設定すると、期日より早くはならないでしょう？　だから設定したくありません」という説明もよく聞きます。焦る気持ちは分かるのですが、期日という具体的な物差しがない時に、切迫感を多くの同僚や委託先と共有することはまず不可能なのです。


期日を設定するコツは、「いつまでにやらないと間に合わないか」を考えることです。

木造建屋の火災では、出火して20分で全焼すると言われていますから、１１９番通報があって20分以上到着に時間がかかると、間に合わないことになってしまいます。かといって、市街地の中を猛スピードで走れば良いというものでもありません。
トラブルの時には、担当者も慌てているものです。最終締め切りを調べ、そこから逆算して期日に落とし込んでいくコミュニケーションをしっかり取っていきましょう。

2

ブルー「丁寧にやってくれ（……こいつはいつも雑だから言っておかないと）」
イエロー「了解！（……僕はいつも丁寧だから普通通りだ）」

ブルー　イエロー、君はまた変身スーツの隠しポケットにチョコレート入れたままにしてただろう？　君のスーツが茶色いシミだらけになっていたぞ。変身スーツは丁寧に扱ってくれよ（イエローはいつもスーツを雑に扱うから気を付けてほしいな）。
イエロー　分かってるって（今回は慌てて出撃したからね。普段は丁寧だから気にしなくていいや）。

＊＊＊

レッド　ブラックの射撃は正確なんだけど……どこか心がこもってないんだよなぁ。当てる執念が感じられないというか。撃つ時は弾に燃える正義の心を乗せて撃て！

ブラック　……了解（レッドの言うことはいつも分からんな）。

＊＊＊

ピンク　レッド、先月の請求書の処理、また忘れてたでしょ！　メーカーからの電話も無視しちゃって何考えてるの⁉　正義入金がないって怒ってたわよ！　正義を守る前に社会人としてのルールを守れって言ってるでしょう！　気を付けてよね！

レッド　分かったよ。気を付けるよ（自分は気を付けているんだが、細かいことを気にする担当だなぁ）。

仕事をしていて、具体的に何をするのかよく分からない指示に遭遇したことはあるでしょう。

「丁寧に」「元気よく」「気合を入れて」「強く」「心を込めて」「ガツンと」などなど。イメージは伝わるのですが、相手に具体的に取ってほしい行動まで伝わることはありません。

前節と同じく、これも自分と相手との間で「具体的に何をしたら丁寧にやったことになるか」といった基準が共有できていないことが原因になっています。基準がお互いに共有されていないのですから、自分の中の基準と照らし合わせて判断するしかありません。

言葉の意味は理解できるので、全く違うことを実行してしまうことはありません。しかしながら、期待した基準に届かなくてイライラしてしまうことは頻繁に発生します。

「丁寧に扱うように指示したのに、雑に扱われた」のように、「相手が自分の言うことを聞かないし、行動してくれない」と一方的に感じてストレスを抱えてしまいます。

指示を受けた側も「言われた通りに丁寧に扱っているのに、雑に扱っていると言い掛かりをつけてくる。困った人だ」と感じてしまいます。

擦れ違いのコミュニケーションによって、人間関係が悪くなっていくのはとても悩ましい問題です。

実は、このような擦れ違いが起こる原因は、仕事のコミュニケーションの中で「形式知」「暗黙知」という2種類の知識の伝え方を間違えているからなのです。

社会学者である野中郁次郎先生の定義によると、「形式知」とは「言語化することができる客観的な知識」を指します。書籍や作業マニュアルなど、文章を読めば内容を理解することができる知識を「形式知」と呼びます。家電製品の取扱説明書を読んで理解できれば、機能の使い方を理解できるようになりますね。読めば分かって実行できる知識。これを「形式知」といいます。

反対に「暗黙知」とは「言語化することができない主観的な知識」のことです。手触りや音・匂いなど五感を使って判断する部分は、言語化することが難しいと言われています。また、「空気を読む」といったコミュニケーションの中で触れられることも多いです。

空気が読めない人に「空気の読み方マニュアル」を作って空気を読めるようになってもらおうとするのは、考えるだけでも大変です。

「暗黙知」はマニュアルでは伝わらないので、一緒に同じ空間・時間をすごすことで初めて伝わると言われています。

伝統工芸の職人では、師匠と弟子が同じ場所に生活し、同じ仕事をすることで技術が伝

表2　形式知と暗黙知

	形式知	暗黙知
言語化	口頭で説明すれば理解できる 文章を読めば理解できる	文字や言葉では伝わらない 体感しないと理解できない
例	出張精算のやり方 職場定期清掃のやり方	おもてなし接客術 エースの営業交渉術
学習媒体	作業マニュアルで学ぶ	一緒に仕事をして五感で学ぶ

承されていきます。スポーツでも、大事なポイントを言葉で伝えてもなかなか上手にはなりません。上手な選手の身振りをまねたり、コーチにその場で指導してもらったりすることで、本人がコツを理解できるようになっていきます。

私たちの仕事でも、先輩の仕事のコツを隣の席の後輩が習うことも多いでしょう。（表2）

「丁寧にやってください」という指示を、理解して実行できる言葉で相手に伝えようとしてみます。

●通常の2倍の時間をかけて作業をしてください。
●3個同じ物を作って、一番性能が良い物を納品してください。
●通常は1回のところを5回同じ作業をしてください。

これらは、確かに「丁寧に」の意味合いに近いようにも感じます。それでも、指示する側が意図する「丁寧に」にドンピシャ当てはまるかは分かりませんね。

このように「丁寧に」「元気よく」といった指示語を理解するためには、「暗黙知」が必要です。一緒に仕事をしてきた人たちが、「丁寧に」と言っている状態がどのような状態かを共有できている時に初めて役に立つのです。

逆に言うと、「その言葉は何を意味するのか?」をお互いに理解できていない・共有できていない時には役に立ちません。お互いの認識がずれたままでは、正しく意図が伝わらないというコミュニケーションの問題を作ってしまいます。

「やってみせ　言って聞かせて　させてみて　褒めてやらねば　人は動かじ」という人材育成・人材活用に関する山本五十六の名言があります。自分の仕事ぶりを見せて指導をして、相手にも同じようにやってもらいます。そして相手を褒めた段階で、初めて「こうすればいいんだな」という「暗黙知」がお互いの中で共有されるのです。

一緒に働きながら伝えるよりも言葉で指示した方が、時間が短くて済みます。効率的に感じるかもしれませんが、やり直し・手戻りが発生し、お互いに良い仕事ができないとモチベーションも低下して、全体としてみれば生産性が悪い働き方になってしまいます。

言葉で伝わらないコミュニケーションを、無理に効率化しようとすると生産性を低下させます。数字で具体的に指示を出せないと感じた時は、相手とじっくり話す方が近道のことが多いのです。

3

ピンク「経費を節約してよ（……予算を3割もオーバーしてるじゃない）」
レッド「了解！（……俺は無駄なことはしないから普通通りだ）」

レッド 巨大化した敵がチョロチョロと動き回ってるな。逃すかぁ！

ピンク ちょっとレッド！　急発進と急旋回は燃費が悪くなるからやめてっていつも言ってるでしょう!?　巨大ロボの出動に1回いくらコストがかかると思ってるの。リーダーなんだから無駄な動きをなくして経費を節約してよ！（燃料費がコンピュータの予測より3割増なんだから）

レッド 分かったよ、無駄はなくすよ（この動きは欠かせないから無駄じゃないよな。燃料費も先月と変わってないから問題ない）。

＊＊＊

レッド　ブラック、巨大ロボの必殺剣のエネルギー充塡スピードが遅くなってきたから、修理して早くしておけって言っただろう！　早くなってないじゃないか！　決め台詞を言い終わったタイミングでエネルギー充塡が終わってないと、攻撃までに間が空いちゃってかっこ悪いんだよ！

ブラック　充塡時間は前回よりもかなり短くなっただろう！　間に合わないのはレッドが焦って台詞を早くしゃべってるからじゃないか。言い掛かりはよしてくれ！

レッド　「ギューン！　せいやっ！　ズバー！」な感じになるのが、必殺剣を使った時のかっこいい攻撃パターンなんだよ。「ズバー！」の前までにエネルギー充塡が終わってないと困るよ。

ブラック　ごめん、レッド。何言ってるのか分からない。

前節では、目標が「暗黙知」に基づいて設定されているので、メンバー間で共有できていないケースを紹介しました。

今回は「節約する」「早くする」と、比較的数字で換算することが容易な内容であるはずです。「丁寧にやる」よりも、メンバー間で判断基準を理解しやすいと言えるでしょう。それでも、戦隊のメンバーは、うまくコミュニケーションを取ることができませんでした。

実は今回も、メンバーの間での判断基準が問題を発生させた原因なのです。

「100万円もの売上アップに成功した」「改善の結果、作業時間が30分も短縮した」と聞くと、「よく頑張った！」と即座に思ってしまうかもしれません。

これらは、数字として事実を表していることには間違いありません。計測したデータで報告しているのですから、効率的コミュニケーションの第一歩を踏み出しています。

大事なことは、数字と並べて判断するためのもう1つの数字を持つことです。これが判断基準となります。最も分かりやすい基準は、数値で設定した目標です。

目標を、5000万円売上アップと設定した販売キャンペーンを行ったのであれば、1００万円の売上アップでは目標未達です。本来は、達成したかった5000万という数字と比較して100万は小さな値ですから、残念ながら「今回のキャンペーンは素晴らしい結果だった」とは判断できないでしょう。

作業時間も同様で、1時間の短縮を見込んでソフトウェアを導入していた場合は、30分の短縮では未達です。効果を発揮した業務とそうでない業務を洗い出して、改善を進めていくことができるでしょう。

戦隊たちは、判断するための数字を各自が勝手に置いてしまっていました。

ピンクは、コンピュータの予測を3割オーバーしている現状の経費を「無駄遣いしている」と判断して、現状よりも経費の節約をするようにレッドを叱りつけました。

一方でレッドは、今まで通りの戦い方に基づく現状の経費を「無駄遣いしていない」と判断して、現状よりも経費が増えないように節約をすると弁明しました。

レッドもピンクも金額換算して議論することもできますが、肝心の基準が曖昧なままでは、「節約しろ」「節約ならもうやっている」という不毛な言葉のぶつけ合いに発展していくことでしょう。

レッドとブラックの間のやりとりでも、数字目標を共有することができないまま、2人が好きなように判断してしまっています。エネルギー充塡に要する時間のデータを取れば、実際の所要時間は短縮されていたかもしれません。

しかし、レッドは目標よりも遅かったから、「早くなっていない」と認識しますし、ブラックは前回実績よりも改善しているから「早くなっている」と認識します。

数字を使えば客観的になるというわけではなく、目標も合わせて共有しておく必要があります。そうしないと客観的な数字データを使って、主観的な目標と照らし合わせて判断してしまうことになってしまいます。

また、もし事前に目標が設定されておらず、事後的に報告することになった場合は、どうすれば伝わりやすいでしょうか？　目標があれば大小関係で言えるのですが、偶然の影響を相手にうまく伝える時にも、結果の数字の隣にもう1つ数字を添えることが有効なのです。

たとえば、他店のキャンペーンの影響で急に来店者が増えて「100万円の売上アップが起こった」とします。通常の売上が400万円で、この日は500万円になったとすれば25％アップです。かなり忙しかったと推測することもできるでしょう。

一方で、通常の売上が4000万円の場合、この日は2・5％のアップです。ありがたいことに間違いはありませんが、日々の来場者数のバラツキの範囲に収まるかもしれません。

パーセントを添えても認識のバラツキは残りますが、周囲はその数字が与える影響を理解はしやすくなります。報告の時に、25％アップなのか2・5％アップなのかをインプットしておくと、話を聞いた上司が「10万円売上アップするなら、全店舗に横展開だ！」と、謎の暴走を始める事態を食い止めることができるかもしれません。

数字を使う時は、判断基準を思い出してください。そして「これは良い値なのか、なぜそう言えるのか？」と考えるようにしてみてください。判断基準のない数字は簡単に一人歩きをして、いろんな誤解をばらまいてしまいます。

コミュニケーションに数字を使っているのに、なぜだか相手と分かり合えない場合、お互いの基準がずれていることが大半なのです。

4

レッド「東の方向から戦闘員が10人も来たぞ！　加勢してくれ！」

ブルー「待て！　東から来るのは10人だけだ。イエロー、西に回れ！」

イエロー「……僕にどうしろと？」

レッド　雑魚戦闘員はいるけど怪人が見当たらないな……ブルーはライフル持って高台に上がってくれ。怪人が出てきたら狙撃を頼む！

ブルー　了解。任せとけ！

ピンク　ちょっとレッド！　何あれ！　戦闘員が地面からボコボコ生えてきてる！

レッド　最近戦闘シーンがマンネリ化してきたから、テコ入れがあったんだろうな。

ブラック　そんな評論はいらん！　どうするんだ？

レッド　東の方向から戦闘員が10人も来たぞ！　ブラックだけでは突破されてしまうかもしれん。イエローは加勢に回ってくれ！

ブルー　（通信機から）待て、レッド！　東から来るのは10人だけだ。イエローは西に回れ！　新たな敵に備えろ！

イエロー　……僕にどうしろと？

レッドは、東の方向からやってきた10人の戦闘員は多いので、加勢が必要だと判断しました。現場に立つレッドの目には、10人が集中して東から来たことは脅威に映ります。他の方角からは戦闘員が来ていないようなので、レッドは東に加勢するべきと判断したのでしょう。

一方、狙撃するために高台に移動していたブルーの判断は違いました。彼は高い位置から戦場の全体像を見渡すことができたのです。

実は、遠くの方から新たな戦闘員たちが30人の規模で押し寄せてきていることを発見しました。本当に危険なのは東ではなくて西だと知ったブルーは、メンバーに西に回れと指示を出しました。

10人という数字のデータに対して、レッドとブルーの意思決定は全く逆になりました。戦場にいるか高台にいるか、立場が違うと知ることのできた情報に違いが生じます。その情報の違いが判断基準の違いにつながり、アドバイスの内容が変わっていったのです。

職場でも、同じような誤解はしばしば生じます。

「根拠もしっかり述べている渾身の提案書なのに、上司のウケが悪い」

新規事業計画で、市場規模・ターゲット顧客の人数・製造原価・投資総額・回収期間など、諸々のデータを数字で示した提案書が出来上がれば、自信満々で上司に提出することができるでしょう。

しかし、上司はその提案書を見た時、あなたが予想したようなリアクションをくれるわけではありません。「利益がこれだけ出る計画なのか。よく考えてくれた。君は我が社のエースだ！」と手放しに称賛してくれるわけではないのです。

部下から提案された良い計画を、全て実行できれば理想的と言えるでしょう。しかし、人やお金を無限に持っている会社はありません。上司は、目標達成に最も役に立つ選択肢をいくつか選び出さなくてはならないのです。

上司の目から見た時、あなたの提案はもちろん見えていますが、それ以外の提案も視野に入っています。

これらの提案は全部採用できるか？

一部だけならいけるか？

内容を修正すれば大丈夫か？

そもそも全て初期投資金額が大き過ぎて採用できないか？

などを考えているのです。

自分の部署以外に与える影響が大きい場合は、社内での検討に時間と手間が発生します。それらの手間やコストを考え、その上で責任を負っている部門の利益を最大化するように知恵を絞っているのです。あなたにとっては渾身の提案でも、上司から見たら普通の提案の1つなのかもしれません。フィードバックをもらって精進する時もあるでしょう。

「気さくに話しかけて励ましたつもりが、ベンダーさんから白い目で見られた」

いつも取引のあるベンダーさんが、やけに落ち込んでいる時がありました。話を聞くと100万円の商談を競合他社に取られてしまったとのこと。

落ち込んでいるのを励ますために「たった100万円でしょ。そのくらいあっという間に取り返せますよ～。軽いですよ！」と気さくに話しかけたら、生ゴミを見るような目で見られた……。

100万円は、大きな企業からしてみれば毎日届く注文書の金額にも及ばないかもしれません。それでも、中小企業にとっては手塩にかけて育ててようやく収穫にたどり着けそうな案件の金額だったということは多々あります。

普段扱っている金額のレベルは、企業によってまちまちです。比較参照する数字が違っているのに、自分の基準を相手にも当てはめて会話で使ってしまうと、空気が読めない奴になってしまうのです。

では、どのようにすれば、立場による見方の違いを乗り越えて誤解なく意思疎通ができるでしょうか？

よく「経営者の気持ちになって物事を見ろ！」「当事者意識を持つべし！」「自分が社長になったつもりで意思決定してみろ」などと言われます。しかし、そう言われて即座に社長の気持ちを理解できた人に出会ったことがありません。

上司の物の見方も暗黙知の一つです。自分の立場では「どのような情報が集まるのか」「何の意思決定をしなくてはならないか」という点について、時間をかけて共有していかなくてはなりません。一朝一夕にはいかないのです。

同じ仕事をして時間を過ごすようになると、コミュニケーション費用も下がっていきます。たいていのことは気軽に伝達できるようになるでしょう。

しかし、「ある程度馴染んだな」と思う時が事故の起こりやすいタイミングでもあります。

相手のリアクションが自分の予想と違った時は、「イメージとずれていましたか？」「何か失礼をしてしまったでしょうか？」と確認をしてみましょう。

想定外にこちらの意見を否定された時は「と、おっしゃいますと？」「続けて説明していただけますか」と反論するのではなく、しっかりと説明をお願いするのがポイントです。

分かり合えていたと思っていたのに、誤解が生じることは悲しいものです。しかし、見方を変えれば、ある程度関係が築けた相手の違う一面を見たタイミングであり、さらに相手を深く理解できるチャンスでもあるのです。また、立場の違いを知ることで、次に会話をする時の参考にもなります。

5

レッド　「今週中に提出して（……金曜の昼には出るだろう）」

ブラック「了解！（……金曜の23時59分まで今週だ）」

レッド　司令に出撃成果報告を出さなきゃいけないから、今週中の提出忘れるなよ！（金曜の昼には出るから、それから統合すれば間に合うだろう）

ブラック　了解！（金曜の23時59分まで今週だよな。他の仕事を先にしよう）

レッド　金曜に出るよな（せめて夕方までに出てくれれば、合コンに間に合うな）。

ブラック　金曜に出すよ（日付が変わらないうちには出すさ）。

＊＊＊

ブルー　故障した巨大ロボの肩パーツの交換、いつになるんだ？　合体技の決めポーズの時に、ロボの肩が五十肩みたいに途中までしか上がらないから、ポーズが決まらないんだ。異常な音がするから、ざわざわしちゃって、ここのところキメ台詞もないからスッキリしないんだよ。っていうか、先週も聞いたよね？

イエロー　部品が今週には届くから、専用器具を取り寄せて修理すれば、来週半ばくらいには治るかなぁ。

ブルー　分かった。来週半ばだな（水曜の昼くらいかな）。

イエロー　そうだよ。来週半ばだよ（「半ば」でＯＫって言ってくれたから、水曜にはこだわってないみたいだ。木曜は金曜に比べれば週の半ばだよね)。

新人研修の時、「社会人で大切なことは期日を守ること。時間厳守！」と口を酸っぱくして言われたことがあるでしょう。

人間にとって、最も貴重で取り返しのつかない資源は「時間」です。誰にでも平等である一方、溜め込むこともできなければ過去の時間を買い戻すこともできません。

大切に使うことしかできないのですから、「お互いの時間を無駄にしないようにしましょう」と子供の頃から指導されてきたかと思います。

時間を大切に使う仕事の中で、目標はＳＭＡＲＴに立てるべしという教えがあります。

S▽Specific（具体的で）
M▽Measurable（計測可能で）
A▽Achievable（達成可能で）
R▽Realistic（現実的で）
T▽Time-bound（期限が設定されている）

英語部分は諸説ありますが、趣旨はほぼ同じです。

今回、レッドはブラックに出撃成果報告書の提出を求めました。いつも出している報告書なので具体的・現実的ですし、提出したかどうかで必ず計測できます。前日までに指示していますから、達成可能性も十分あると見込んだのでしょう。しかし、期限を明確にすることを怠ってしまいました。

おそらく、レッドが合コンに出発する時刻になっても、ブラックから報告書が上がってくることはないでしょう。しびれを切らしたレッドが様子を見に行ったら、ブラックはまだ1文字も報告書を書いてなかった、という事態が容易に想像できてしまいます。

期日の設定を雑にしてしまったが故に、レッドとブラックの間の信頼関係にヒビが入ってしまったかもしれませんね。

「期日を守ること」を管理するためには、「期日を守れたか・守れなかったか」を厳密に判断する必要があります。あと何日・あと何時間を意識することができれば、ラストスパートの追い込みをかける気持ちが湧いてきます。

終わった後でも、なぜ期日に間に合わなかったか・何が問題だったか・何時間オーバーしてしまったか、を振り返ることで、次の仕事の時に期日を守れるように改善していくことができるでしょう。

ブルーとイエローのやりとりに見られるように、「来週半ば」と言った期日の設定が曖昧な場合は、お互いの都合の良いように解釈してしまいます。イエローのように「水曜の前後1日が週の半ばである」と解釈すると、遅い方が助かるイエローにとっては「木曜日も週の半ばの内だ」「木曜の夜遅い時間になりそうなら、この際金曜日でも同じじゃないか」と、都合の良さに磨きが掛かっていく解釈をするでしょう。

ブルーとイエローのケースでも、やはり修理はダラダラと延びてしまって、次回の出撃の際も決めポーズに支障が出る確率が高そうです。

どんなにきちんとした目標でも、期日の設定が雑では達成感をメンバー内で共有できません。ここはぜひ、期日のしっかりした設定を行うようにしましょう。

やり方は単純で、「期日には日にちと時刻を設定する」ことだけです。時刻を設定しておかないと、コミュニケーションミスの発生につながります。

たとえば、「見積書を9月28日までにメールしてください」という指示が営業担当にあったとします。依頼者としては「9月28日に見積書を受け取ったら、昼の間に上司に申請して承認を取り付けて、発注処理をかけてから帰ろう」と思っていたかもしれません。

それに対して、営業担当が「9月28日の日付のうちにメールすれば大丈夫だろう」と言わんばかりに、夕方や夜になってようやく送信するケースも多々あります。この案件が片付かなかった依頼者も不満ですし、期日は守ったのに怒られる営業担当も不満でしょう。お互いに、「なんて勝手な奴なんだ」とイライラしてしまう結果となります。

これが「見積書を9月28日13時までにメールしてください」と書いてあったらどうでしょう。営業担当としては、13時に間に合わせるように対応するでしょうし、もし間に合わなければ連絡して、メール可能な時刻を再設定することもできたでしょう。

今までは「時刻まで指定すると面倒な奴扱いされるかも……」と微妙に相手に遠慮して、時刻までは言わないケースもあったかと思います。また、あまり急いでいなかった場合は、日にちまでしか設定しないケースもあったでしょう。

しかしながら、期日までにしっかりと仕事を終わらせるのがプロというものです。明確にしなかったが故に、締め切り当日になって無駄なやりとりが発生してしまうことを考えれば、事前に締切時刻を設定した方がお互いにとってメリットになります。

学校教育や新人研修で「時間を守れ」と教えているのに、守るべき時間が曖昧に設定されていたのでは意味がありません。特に日本人は、開始時刻には随分と厳格な割には、終了時刻には随分とルーズだと言われています。

仕事を終わらせる日時を時刻込みでしっかりと定め、それに向けてしっかり仕事をしていく時代になっています。

締め切りを日付＋時刻で指定するだけです。すぐに実行していきましょう。

まとめコラム

戦隊で育児休暇を取るには?

レッド よく「攻撃する時は気合を乗せろ!」ってみんなに言ってきたけれど、あれはみんなにはイマイチ伝わってなかったんだな〜。

ピンク イマイチどころか、どうなったら気合が乗った状態になるのかがさっぱり伝わってこなかったのよね。レッドの言ってることは今でも分からないけど。

レッド さらっと冷たいのな、ピンクは。長く一緒にやってきたから、伝わってると思ってたのに……。

ブルー 確かに長く一緒にいることで、伝わりやすくなるものだ。リーダーが「早い」とか「遅い」とかを判断するのを間近で見ていると、徐々にリーダーの持ってる基準がメンバーにも伝わってきて、チームの中でそろってくる。阿吽の呼吸が生まれるってことだ。

ブラック 確かに戦隊ができた最初の頃は、何やっても手探りで確認が多かったからなぁ。まさにコミュニケーション費用が高い状態だったってことか。

イエロー 新メンバーと一緒に仕事する時はそう感じるよね。春祭りで仮面戦士の皆さんとコラボした時も、思ったようにフォーメーションができなくてじれったさを感じたもん。

ブルー　メンバーが馴染んでいない時は、お互いに何を基準に判断しているかさっぱり見当がつかずに、コミュニケーション費用が高くなっている。そういった時には、基準を数字にして伝えていくと基準がそろいやすくなるんだ。

ピンク　確かにそうだけど、ずっと数字で伝え続けるのは面倒じゃない？　何かあるたびに数字でいちいち指示してくる人とは仕事したくないなぁ。

レッド　さらっとこの本の存在意義の根幹を崩してくるのな、ピンクは……。

ブラック　メンバーが仲良くなって判断基準がそろうまでの間は、リーダーの指示を誤解したり、やり直しが発生したりするからなぁ。コミュニケーション費用が高い期間を試行錯誤で乗り切るか、数字でコミュニケーションをして速やかに乗り切るかってことだろう。

ブルー　ああ、まさにブラックの言う通りだ。ただ、最近はメンバーが固定されてないチームも多くなっているんだよ。

ピンク　それは聞くわね。いつも固定された同じメンバーで仕事できるとは限らないし。隣町の戦隊は5人中3人が育児休暇中で、パートタイムのメンバーを交代で補いながら平和を守ってるそうよ。そういう状況でも、数字が役に立ちそうね。

レッド　数字を使ってメンバー間の基準をそろえ、コミュニケーション費用を速やかに下げていけば、「気合を入れろ！」がすんなり通じる日が来るってことだな！

第3章

冷静な数字がないとハマってしまう、意思決定に潜む罠

1 ブラック「赤字は出てますが、失敗プロジェクトではないんです」

――「赤字を5億円出しても成功だ！」となぜか信じ込んでしまう理由

司令 ブラック、昨年から君が取り組んでいる新型武器プロジェクトの件だが……。

ブラック 現在、着実に改善が進んでいまして、リリースまでもうしばらくです！

イエロー あの新兵器、エネルギーチャージの時間が半分になるって聞いてたのに、故障が多過ぎて、逆に今までよりも3倍時間がかかってるよ。

ブルー 銃身が安定しないから命中精度も悪いな。

レッド 威力のバラツキも問題だぞ。調子が良い時は一撃で怪人を倒す威力なのに、調子が悪いと戦闘員にすら効いてないから頼りにならんな。

ピンク 効率が上がって省エネになるって触れ込みだったけど、手で持てないくらい熱くなるのはどうなの？　前より悪化してない？

ブルー 当たらない・効かない・もったいないでは武器として使えないんじゃないか？　別のプランで考え直した方が良くないか？

ブラック　いや、みんな違うんだ！

司令　費用は結構かかったけれど、試作品なのだからこういうこともある。今回のプロジェクトはこれで終了としよう。

ブラック　違うんです司令！　赤字は出てますが、失敗プロジェクトではないんです！

「失敗を素直に認めて、そこから学ぶことが大切なのだ」

立派な経営者・一流のスポーツ選手・ベテラン教師がよく口にする言葉です。私たちもよく理解している内容だと思います。

「そんなこと、当たり前じゃないか。

誰だって知っていることだ」と思う方もいるでしょう。それくらい「失敗を教訓とし、失敗から学ぶべきだ」ということは頭では理解できているのです。

しかし逆に考えると、一流の人が「失敗から学ぶべき」と言っているということは、失敗から学ぶことは当たり前のようでいて、とても難しいことだとも言えるのです。

ブラックは、新兵器の開発を行って試作機を作り上げました。新しいアイデアやコンセプトを取り入れた新兵器なのかもしれません。しかし、実戦で他メンバーに使ってもらったところ、成果は芳しくないようです。攻撃するまで3倍の時間がかかり、命中精度も悪く、当たっても相手を倒せるかどうか分からず、エネルギー消費も激しいと言われてしまいました。これでは、今までの武器に変わる新兵器とは言えないでしょう。

他メンバーからのフィードバックに対してブラックが改善を図っていくためには、ある問題を突破しなくてはなりません。

米国の社会心理学者レオン・フェスティンガーは、この問題を「認知的不協和」と名付けました。

人間は自分の考えと事実が矛盾している状態にあると、そこからストレスを感じます。

そのストレスをなくすためには、２つの対処法があります。

①自分の考えが間違っていたと認める

②事実を無視する・解釈を変える・否定する

１つ目は自分の考えを変更して、現実と矛盾がない状態にすることです。誰でも自分が間違っていたと認めることは恥ずかしいものです。失敗を認めることにはストレスがあるかもしれませんが、それを越えてしまえば自分の考えと事実の間に矛盾は存在しないので、ストレスを感じることもなくなります。最も抜本的な解決策です。

２つ目は、自分の考えを変えずに、事実の認識を変えてしまったり無視してしまったりすることです。不都合な事実（今回の例ではメンバーからのフィードバック）が出てきた時、それを受け入れなければ事実認識はアップデートされません。自分の考えと事実が矛盾しない状態を維持することができ、ストレスを感じずに済むのです。

人間はストレスを回避するよう行動するものです。「事実を認めないなんて悪質だ！」と思うかもしれませんが、人間は無意識のうちにこのような行動を取ってしまっているのです。

たとえば、あなたが好きな商品が酷評されたレビューをネット上で見たとします。これは自分の考え（この商品は良いものだ）と事実（この商品を悪く言う消費者レビュー）との間に矛盾が存在するため、自分はストレスを感じて居心地の悪さを感じます。これが認知的不協和の状態なのです。多くの人がこの状態を解決するために取る行動は、「他のレビューを読んでみる」ことです。事実に基づいて、自分の考えを変えたりはしません。

他のレビューをたくさん読んでいけば、あなたと同じように「この商品は素晴らしい」と称賛する投稿が見つかることでしょう。酷評レビューは見なかったことにし、同じ考えのレビューを読んだことで、考えと事実の矛盾が解消されます。認知的不協和の問題は解決し、あなたはストレスから解放されるのです。

人間の心理は、認知的不協和に対して、事実の解釈の仕方を変えて処理することがよくあるのです。

会社のプロジェクトの中で「赤字が5億円に膨らみ、黒字化のめどが立っていない」など、事前に約束した成果が表れていない時にも、担当者の心の中に認知的不協和の問題が発生します。

成果が責任問題に発展すると担当者が感じた場合は、「市場進出によってサプライヤーと関係を構築することができた。現場での情報を得ることができたので、当初の目的は十分に達成した」などと主張して、プロジェクトの失敗を認めないものです。

しかも、「自分では失敗だったと分かっていながらも認めない」というわけではありません。認知的不協和の問題を回避するために「事実の認識や解釈そのものを変えている」のですから、嘘をついて抗弁しているわけでもないのです。

これは性格が良い・悪いという問題ではなく、人間に共通して課せられた考え方のクセみたいなものです。

過去の総括ではなく、今後どうしていくかを議論していくためには、安心して議論ができるようなコミュニケーション環境づくりが欠かせません。また、相手の主張だけを聞くのではなく、事実を数字で確認していく冷静な視点が必要になってきます。

2

イエロー「ここで中止すると、今までに使ったお金がもったいないから、続けるべきだよ」

――「使った1億円がもったいない！」と、さらに1億円無駄にしてしまう理由

ピンク　今回も失敗ね……ご飯がパサついて食べられたものじゃないね。

イエロー　僕は食べるけど、確かにこれは美味しくないね。

ブルー　合体ロボの駆動エネルギーの余熱を活用した炊飯＆カレー温め機能。原理的にはできるはずだがな。

ブラック　じんわりと温かい余熱だけでは調理が遅いな。戦いが終わっても、ご飯が炊けてない事態は避けたい。

ブルー　かといって、駆動エンジンから分岐してエネルギーを取り出すと、火力が強過ぎだ。前回は炊飯器ごと消し飛んだからなぁ。

ピンク　駆動エンジンにいってる1次冷却水なら熱湯になってるよね。背中にあるラジエ

ータ手前で分岐すれば、熱湯を取り出せるんじゃない?

ブラック　そうだな。炊飯用のエネルギーもメイン動力ではなくて、フィニッシュ攻撃用のエネルギーから分離すれば、出力も低めだから直火炊きもできそうだ。しかし、また部品を発注するから、結構お金を使ってきたことになるな、このプロジェクトには。

ピンク　なかなか上手くはいかないものね。そろそろ経理的にも問題だわ。

イエロー　ここで中止すると、今までに使ったお金がもったいないから、続けるべきだよ。

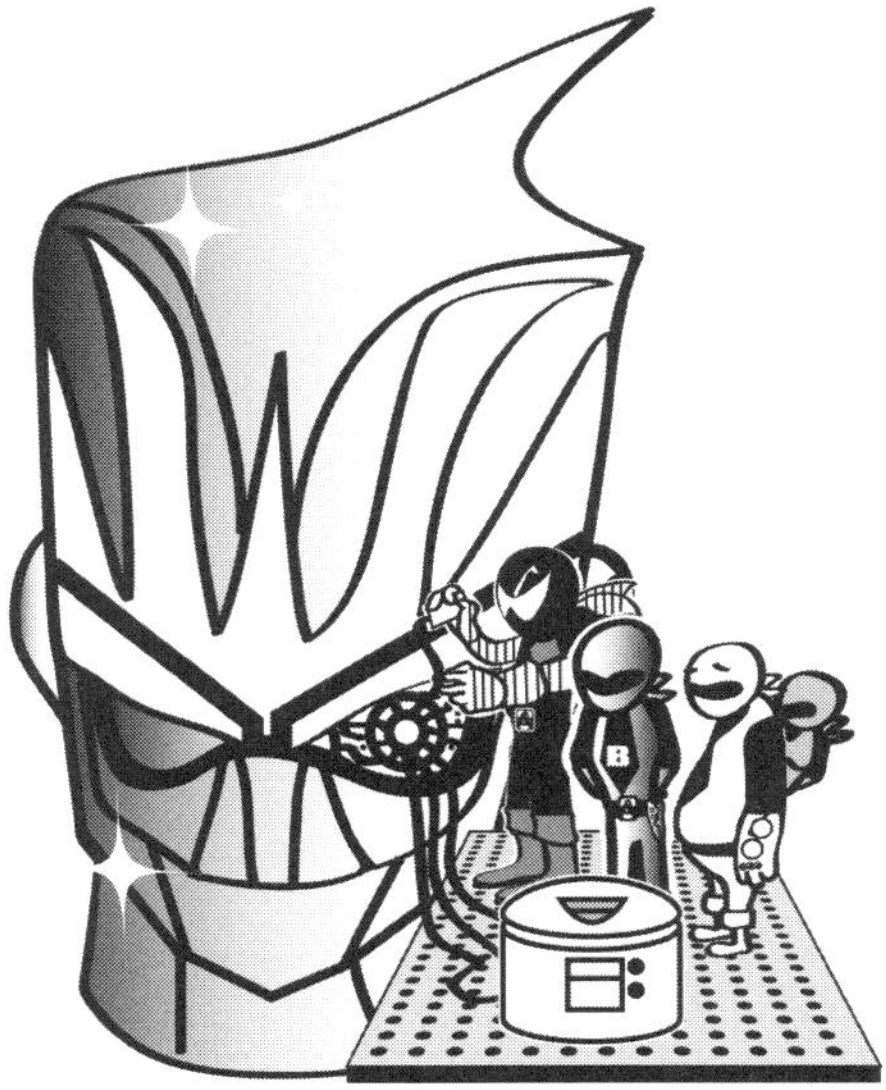

出撃して合体ロボで怪人を倒した後に、炊きたてご飯とカレーを食べるという夢のシステム実現のために頑張ろうよ！

レッド （最近やけにロボットのメンテナンスを４人がやってると思ったら……仲良いんだな、俺以外の君たちは……）

「せっかく買ったのだから、最後まで使おう」「ここでやめたら、今までの努力とかけたお金が無駄になるなぁ」と思いながら、続けてしまった経験はないでしょうか？

●遠方のイベントに参加したものの期待外れだった。でも、飛行機代がもったいないので最後までいることにした。

●予約が難しいレストランに行くことができたが、何を食べても味付けが自分の好みに合わなくて美味しくない。でも、予約の苦労がもったいないのでコースの終わりまでいることにした。

●映画館に入ったけれど、予告編と違ってさっぱり面白くなかった。でも、映画館のチケット代がもったいなくて終わりまで見ることにした。

冷静になって考えてみれば、イベントを抜け出してさっさと帰路に着いたほうが、翌日に疲れを残さないかもしれません。夜遅くまで好みではないレストランに居続けるより、馴染みのお店で食べ直した方が良いでしょう。面白くない映画なら、早々に切り上げて買い物に行ったほうが、休日の午後を有効に使えるはずです。

しかし「すでに掛けた手間や払ったお金がもったいない」と考えて、継続することを選んでしまっているのです。これらは「コンコルド効果」と呼ばれる現象で、合理的な意思決定ができていない状態を指しています。

コンコルドとは、イギリスとフランスが共同開発し、1976年に定期運行した超音速旅客機のことです。この当時で飛行速度マッハ2・0（音速の2倍）を実現していました。現在の旅客機がマッハ0・8強ですからかなりの速さです。

しかしながら、「乗客の定員が少ない」「運賃が高過ぎる」「移動距離が短く太平洋は越えられない」「乗り心地が悪い」「海の上しか超音速を出せず、思ったほど速くない」「離着陸のためには大型の空港が必要」「燃費が悪い」などの理由で、商業的には大失敗。2003年には定期運行が終了してしまいました。

このプロジェクトのユニークなところは、「商業的な失敗が予想でき」「挽回の手段がないにも関わらず」27年も継続してきたことにあります。何と、商業的な失敗は定期運行が始まる前、つまりコンコルドを開発していた段階で予想されていたことなのです。

実は、コンコルドを開発途中の時に「完成までにいくらかかるか？」を試算してみたところ、驚きの金額が出てしまいました。

「今すぐ開発を中止して、航空会社に違約金と賠償金を支払ってでも契約を打ち切った方がはるかに安く済む」くらいの金額が必要ということが分かったのです!!

合理的に考えれば、今の支払いと将来の大赤字を天秤に掛けて、よりコストが少ない方を選ぶはずです。しかし、将来の大赤字が巨額になると分かっていながら、開発中止を決定できませんでした。プロジェクト中止を決定して、今までに使った巨額の開発費が無駄になる責任を取らされたくないという心理が働いたのでしょう。

今までに使ったお金のことを「埋没費用（サンクコスト）」と言います。コンコルドの開発費・イベントの参加費・レストランのコース費用・映画のチケット代などが該当します。これらは既に使ってしまったお金なので、もったいないと思ったとしても直接は取り戻すことができません。

イエローは、合体ロボの中でご飯を炊き、レトルトカレーを温めて食べるというささやかな野望を抱き、ロボの駆動部品の改造をこっそりと行ってきました。ブルー・ブラック・ピンクも巻き込んで１００万円ほどかけて改造してきましたが、冒頭のように上手くいっていません。しかし、もう10万円追加すれば、ご飯を炊いてカレーを温める機能が実装できそうなことが分かってきました。

本来、イエローたちは毎週日曜の昼に、ロボの中でレトルトカレーを食べるために10万円を払うかどうかの意思決定をすべきなのです。毎週日曜出撃と考えると、だいたい年間50回です。１回の出撃当たりに換算すると２０００円。何もない状態でこの計画が提案されても、実行していないでしょう。しかし、既に使ってしまった１００万円が無駄になることを恐れると、追加の10万円も払ってしまうのです。

「せっかくここまできたんだから」「もったいない」というフレーズが流れてきた時、今までに使ったお金に目がいくと、コンコルド効果にだまされてしまいます。今までに投資した1億円が無駄になることを恐れてプロジェクトを続行させ、さらに1億円の赤字を膨らませた、なんてことは十分にあり得ます。

今までの歴史にはいったん目をつぶって、「これからいくらお金が必要で、このようなメリットが得られる」ということを明確にして判断することが重要です。

3

ピンク 「経費の推移なら毎月グラフにしてるから私が一番よく知ってるわ」

――目の前で大きな変化が起こっているのに見過ごしてしまう理由

レッド トゲだらけの怪人にキックしたら、ブーツに穴が開いちゃったよ。ピンク、新しいの発注しておいて。サイズは27㎝で!

イエロー 備蓄品のプレミアムレトルトカレーが届いたよ。請求書ここに置いておくからよろしくね!

ブルー 新しく契約したスポンサーに挨拶に行くから、菓子折り買いに行かなくては。ピンク、あとで現金出しておいてくれ。

ブラック 先月来てたロボの部品の請求書、机の中に入ったままにしちゃってたよ。急い

で入金しなきゃいけないから、処理よろしく！

レッド　何やら今月は急な出費が多いな。この戦隊の資金繰りは大丈夫なのか？

ピンク　経費の推移なら毎月グラフにしてるから私が一番よく知ってるわ。

司令　……ピンク、昨年と比べて今年は経費が5割増だぞ。ロボと備品はほぼ変わってないが、何の出費が増えたんだ？

ピンク　何ですって⁉

皆さんは、2枚の同じようなイラストや写真から、違っているポイントを探す「間違い探し」をやったことがあるでしょう。横に並べて目を皿のようにしているのに、最後の1つがどうしても見つからないということがありましたよね。結局ギブアップして、答えを見ると「何度も見た箇所なのに、どうして気付かなかったんだろう」と驚いたこともあったはずです。

この間違い探し、実はもっと簡単に見つけられる方法があるのです。

2枚の紙を重ねて、1枚目と2枚目をめくりながらイラストを比べればいいのです！どうしても違いが見つからないけど、答えを見るのは悔しい間違い探しクイズに遭遇した時は、大人げなくイラストを切り抜いたり印刷したりして、重ねて見比べてみましょう。驚くほど違いが見えやすくなります。

2枚のイラストを重ねてパラパラマンガのようにすることで、違いのある部分が「動き」として見えるようになるからなのです。お札の印字ミスの検査や、出版物の原稿チェックでも使われています。

そもそも、人間を含む動物の目は周囲の変化や動きを敏感に捉えるようにできています。危険な動物が近くに来ていたら、すぐに安全な場所まで逃げなくてはなりませんから、視界の中で動きがあった時には敏感です。逆に、視界の中でほとんど変化せずに止まっているようなものに対しては鈍感になってしまいます。

人はゆっくりした変化になかなか気付くことができず、気が付くと大きな変化に直面していた！　ということがあります。

これは、「ゆでガエルの寓話」として知られている現象です。カエルは、急に熱湯に放り込まれると、驚いてすぐに逃げ出します。逆に、カエルが入っている水の温度をじわじわ上げていくと、そのまま居続けて最後には茹でられてしまうというものです。

戦隊の例の中で、ピンクは経理担当としてお金の出入りをチェックしていました。ずっと1件1件の伝票処理に携わっているから、お金全体のことについても詳しいはず、と思っても不思議ではありません。

しかし、毎日・毎週・毎月見ているはずなのに、司令から指摘されるまで、経費が昨年と比べて大幅に増えていることに気付きませんでした。

理由の1つは、まさにゆでガエル現象そのものです。「少しだけ経費が増えているけれど、それほど大きな額ではない」という状態のままずっときてしまったことです。本来であれば、目標金額や予算金額を比較対象にして判断しなくてはならなかったはずです。しかし、ピンクは先週・先月など「前回の数字」を比較対象にして判断していたのです。

もう1つの理由は、変動するデータを見る「周期」の問題です。

たとえば、会社で毎日の売上高データを見ているとしましょう。売上高を店舗ごとや商品ラインナップごとに分解することで、細かく傾向を調べることができます。

コンビニのように、日用品を扱っている企業であれば非常に有効なデータを得ることができるでしょう。

しかし、1日に平均して1個だけが売れるような、専門性の高い商材を扱っている企業の場合を考えてみます。ある日は売上が1個で、次の日にはお得意さまからリピート注文が入って4個、そのあとは週末まで売上ゼロみたいな状況も頻繁に発生します。毎日の売上動向に応じて「今日は売上ゼロじゃないか。これではいかん！」と毎日営業部長にピリピリされたのでは、じっくり商談することもできなくなります。

この企業の場合、毎日データを追いかけると周期が短くて変動が激しくなり、「このデータは変動して当たり前」と考えてしまいます。「変動して当たり前」と思い込んでしまうと、変化をずっと無視するようになってしまい、長い時間かけた変化に気付かなくなるのです。

水前寺清子は「三百六十五歩のマーチ」の中で「一日一歩　三日で三歩　三歩進んで二歩さがる」と歌いました。良い時もあれば悪い時もあるけれど、着実に前を向いて諦めずに歩み続ける大切さを感じることができる歌だと思います。

しかし、「今日何歩進んだか」だけに着目していると、トータルでどこまで来たかを見失ってしまいます。

会社でも、「長期的な視野に立った取り組みを！」といったテーマを聞くことはあるでしょう。しかし、人間はもともと効果がゆっくり、じわじわ出ていることになかなか気付くことができないものなのです。毎日、左右のイラストを見比べて、間違い探しをしているようなものです。

ここで大切なことは、「違いを際立たせて見つけやすくする工夫」です。

日々の変動が大きなデータも、1週間や1カ月など、ある程度の期間を合計することで個々のバラツキが抑えられて傾向が見やすくなります。エクセルのグラフがある場合は、横軸をつかんでギュッと縮めて見ると、今まで見過ごしていた変化が見やすくなることもあります。

人の感覚は、錯覚によってごまかされることもあります。変化に気付きやすくするように工夫して客観的な数字データで示すことで、思い込みをなるべく避けたいところです。

4 司令「私がレッドとして現場で働いていた時代は、怪人が毎週3人襲来していたよ」

——社長の営業昔話が、武勇伝にまで成長してしまう理由

レッド 司令から昔の話を聞いたんだが、司令が現役レッドだった頃は戦闘員含めてとても手強かったそうだ。我々も訓練を怠らないようにしないとな！

ブルー 戦闘員が今の3倍は強かったとおっしゃっていたから、相当激しかったのだろうな。武器の出力も低い頃だろうし、苦労しただろうな。

ブラック 俺は戦闘員の強さが半端なくて、まるで怪人3人を相手にしてるような手強さだったと聞いたぞ。

イエロー なんか、話の内容を随分と盛ってきてるね。

ピンク 私が司令と話をした時は、毎週3人の怪人の襲撃に対応したって言ってたわよ。

ブルー　過去のデータを見ればいいんだが、毎週3回出撃したなんて記録はさすがにないぞ。なぜにこんな話になるんだろうな？

レッド　うーん、酔っぱらってたからかなぁ？

みなさんの会社で、こんな「伝説のエピソード」を聞いたことはありませんか？

- 社員全員の反対を押し切って、社長単身で取引先に押し掛けて契約を結んできた
- 商談待ちの行列が敷地の外まで続いている！

●怖い事務所から呼びつけられたクレームを無事に解決してきた！
●納期に間に合わせるために自腹で飛行機に乗って客先に届けた！
●有名女優と同級生で、学生時代に告白されたけど断った！

新入社員に対して、我が社の面白エピソードを語って場を和まそうとする上司にとっては必殺のネタです。自分や同期の奮闘を面白おかしく伝え、可能であれば新入社員からちょっぴり尊敬されたいと思ったとしても不思議ではありません。歓迎パーティーでアルコールでも入ろうものなら、さらにヒートアップしたバージョンを解説してくる上司もいたことでしょう。

しかし、巷にはこんなにも伝説のエピソードが溢れているというのに、自分の身の回りではそれほどドラマチックにイベントが起こるようなことはありません。

現実はこんなものです。

●社員は気乗りしない案件だったが、社長がどうしてもやりたいと言って譲らなかった。特に反対するわけでもなく、社長に商談を任せていた。
●営業担当が間違って顧客全員に、全く同じ商談の日時をメールで連絡してしまい、一瞬だけすごい行列ができたが、すぐに怒られた。

●クレームを入れてきた企業の社員が、少しだけガラの悪そうな男性だった。
●納期に間に合わないので、商品1個を航空便で送って経理に怒られた。
●女の子からクラスの男子全員にチョコが配られたので、それをもらったことがある。

司令の昔話も、最初の頃は「自分の現役時代は装備が貧弱だったので、今と比べて大変だった」という苦労話から始まりました。

新入社員に、スマートフォンや携帯電話がない時代のエピソードを語るようなものでしょう。

「昔はポケベルっていう機械とテレフォンカードを持たされてな」
「彼女の家に電話して、お父さんが出たらつないでもらえずに切られた」
「デートの待ち合わせ場所に彼女が現れなかった時、家に電話する以外に連絡の取りようがなかった」

なんて話から始まったのかもしれません。

司令も同じ調子で、装備が充実していない時代の戦いが大変だった様子を何度も語っているうちに、（昔の戦闘員は今の連中の3倍強かった）↓（昔の戦闘員は今の怪人3人分の強さだった）↓（というか、昔は毎週3人怪人が襲ってきてた）というふうに変わっていったのです。

なぜこのように、話がエスカレートしながら盛られていくのでしょうか？
これには、人の記憶メカニズムが大きく影響しているのです。
人の記憶には３つのステージがあると言われています。

- **記銘**▽新たな情報を獲得すること
- **保持**▽獲得した情報を保つこと
- **想起**▽情報を思い出して再現すること

外部から情報を獲得し（記銘）、脳の中で保っておき（保持）、必要な時に思い出す（想起）という流れになります。

しっかりと情報を記憶して忘れないようにするためには、想起を繰り返す必要があります。小学生の頃に行った漢字の書き取りテストなど、暗記科目が良い例でしょう。最初はノートに漢字を書いて覚えた後、読み仮名を見て漢字を「思い出して」書くことを繰り返すことで、少しずつ漢字を覚えることができました。何度も思い出すことで、強固な記憶として残っていくのです。

米国の認知心理学者エリザベス・ロフタスによると、記憶した情報は、見たり聞いたりした情報がそのまま保持されているわけではありません。自分の感情や考えと入り混じった状態で保持されており、想起するたびにその情報が再構成されて上書きされているそうです。

つまり、思い出すたびに記憶した内容が少しずつ変わっていってしまうのです！

覚えた漢字が全然別の漢字に置き換わることはないと思いますが、感情が関連していると変わっていくケースが多いです。

司令は、昔の大変さを思い出して語って聞かせているうちに、周囲からの驚きの声や質問を受けてきました。多少あやふやで分からない部分があったとしても、当時の状況から推測して、情報を補完することもあったでしょう。これを何度も繰り返しているうちに、補完した情報も最初から記憶の一部に上書きされていき、どんどんエスカレートしていったのです。

会社の中で武勇伝を語ることは、決して悪いことではありません。感情を交えたエピソードで面白く語られたほうが、淡々と事実だけを羅列されるよりも強く共感しますし、聞いた方にも記憶に残りやすくなります。

このように、伝説となった「企業で称賛される行動」を社員の間で共有することは、企業文化を作る上でも役に立ちます。

その一方で、記憶は上書きされて、事実とは少し違ってくる可能性があることも注意しておかなくてはなりません。すぐに思い出せる強固な記憶だからといって、ありのままの事実を記憶できているわけではないのです。

当人が思い出して記憶で語る内容だけでなく、きちんと数字や事実の記録と合わせて確認しておくことは、仕事を進める基本ともいえるでしょう。

まとめコラム

思い出は胸に秘め、判断は冷静に頭で

レッド 人の心って分からないよな……。

イエロー どうしたの、レッド？　また振られたの？　元気出しなって。人間の本当の良さって外見じゃないからさ、気を落とさないでよ。

レッド 振られたって決めつけるなよ。そしてさりげなく俺を貶めるのも勘弁してくれ。人の脳は自分の失敗を認めたがらないって話を聞いて、昔のことを思い出してたんだ。

ブラック 認知的不協和の話か。確かにレッドは、相手が反省してないと思ったら烈火のごとく叱り飛ばしてしまって、随分と反発を食らってたな。

レッド 今までは、失敗した相手が誤魔化したり意地を張ったりしてると思い込んでたんだよ。でも、脳の中で根底から「これは失敗ではない」と解釈が変わっていたんだよな。「意地を張るな！　素直に認めろ！」と何度諭しても、効果がなかった理由が分かったよ。

イエロー ロジカルなようで、実はロジカルじゃないんだよね、人間って。

レッド そうだな。合体ロボのエネルギーでカレーを作って食べるということのために、一体イエローはいくらつぎ込んできたんだ？

イエロー あはははは……、車1台分まではいってないはずだよ？

ピンク 結局私たち全員始末書だったわね。でも、やってるうちは「今まで使ったお金がもったいない」って思っちゃったわ。「もうやめよう。これで終わりにしよう」って誰も言えなかったのよね〜。

ブルー 冷静に考えれば、100円のレトルトカレー食べるのに1000円使って調理するようなものだったから、採用するはずはないな。それでも、これまで誤魔化しながら流用した100万円が鉄くずになると思うと怖くて、追加改造もやってしまったんだよな。

ブラック 今回の教訓は、人間の判断は偏ってしまうから、何でも数字で判断しろってことか？

イエロー 数字を使ってコミュニケーション費用を下げるのがこの本のテーマだけど、「何でも数字、数字！」ってなると、会話が味気ないって思うよね。

ブルー 事実（ファクト）は何かってことを数字で追いかけるのは大切なんだが、司令やOBの昔話を聞きながら、「データありますか？　それはファクトですか？

それともあなたの思い出ですか？」とか聞くと逆ギレされそうだよな。

イエロー　人の意思決定は思い込みによって偏るし、思い出はゆがむものだから、それを前提として準備しろってことなんだろうね。

レッド　数字を使うと、ドライに判断すると思われるかもしれないが、思い出だけに依存して変な意思決定すると、合理的な判断ができずに悲劇になる。それは防ぎたいところだな。

第4章

数字を使って上司から一発ＯＫを獲得する報告のコツ

1

司令「逃亡して潜伏している怪人を3日以内に探し出せ！」

×「この予算で3日なんて無理ですよ！」

○「この範囲なら経費上限を5000円増額できれば可能です」

——できる・できないの議論から建設的な提案に切り替えるコツ

レッド　失態だったな……合体ロボのトドメの一撃を外してしまうなんて。

ブルー　全く、あれほどロボの操縦中は携帯をマナーモードにしておけと言ったのに！　ピンクの着信音のせいでファイナルアタックのタイミングを間違えたんだぞ。

ピンク　仕方ないでしょ！　コクピットの電源で充電してたんだから。

イエロー　せめて基地で充電しておこうよ。それにしても、怪人に逃げられちゃったね。

ブラック　人間サイズに戻って逃げ出すなんて前代未聞だな。

レッド　もう一度捜査からやり直しとは厄介だな……

司令　諸君、怪人が再びエネルギーを貯めて巨大化できるようになるまで、猶予は3日しかないことが計算で分かった。逃亡して潜伏している怪人を3日以内に探し出せ！

ブラック　想定潜伏地域は全部で5市町村。これを3日で、ですか……。

ピンク　捜査での移動にはロボは使用不可。非戦闘時の出張規定では電車とバスの移動だけよ。

レッド　この予算で3日なんて無理ですよ。6日はないと不可能ですよ！

ブルー　いや、出張の経費上限を5000円増額できればできます。

レッド　どういうことだ、ブルー？

仕事の上では予算・人数・スペースなど様々な制約が存在します。無限の予算があれば会社のあらゆる問題をたちどころに解決できそうですが、残念ながらそこまで太っ腹な会社はこの世の中には存在しません。何かしらの制約の中で、次のアクションを決定していくことになります。

しかし、仕事における制約には大きく分けて2種類あります。

1つ目は現実的・物理的な制約です。1日が24時間以上になることもなければ、5人だったメンバーが魔法のように50人に増えるなんてこともなく、預金残高が急増して予算が増えることもありません。これらは「変えようのない制約」とも言えるでしょう。

2つ目はルールでの制約です。刑法のように罰則規定を持つ厳密なものから、業務ガイドラインのような業務の進め方を緩く示すものまであります。中には「自分ルール」のような個人的取り決めが入る場合もあるでしょう。こちらは物理的な制約と比較して「人の手によって変えられる制約」と言ってよいものです。

今回の例の場合、事件調査で移動する場合は「電子マネー乗車券で移動できる電車とバスのみ」と戦隊の経費ルールで決められていました。経費節減のためか、自動車やバイクなどの車両を使った移動は禁止されています。

司令から「3日以内に5市町村を回って潜伏している怪人を探し出せ」という指示が来た時、レッドは即座に否定的な意見を返しました。それは、出張移動に関わるルールに従って電車とバスだけで5市町村を回るには時間が足りないと判断したからです。

その一方、ブルーは「出張の経費上限を5000円増額できれば可能です」という切り返しを行いました。これは「タクシーやレンタカーを活用すれば、3日で5市町村を回って怪人を発見できる」との見通しに基づき、経費ルールを変更する提案だったのです。

「やれ！」「できません！」というお互い否定から入るような意見の応酬は、気持ちを疲弊させてしまいます。結果が出せるように、お互いの打ち手を考えられるような、建設的な議論に持っていくことが大切ですね。このためには冷静に数字で判断することも有効なのです。

ここで、メンバー1人の経費を1日当たりA円として式を立ててみます。

怪人を見つけるのに6日間かかるレッドの見積もりは6日×5人×A円となります。経費を+5000円できれば3日でいけると判断したブルーの見積もりは3日×5人×（A+5000）円です。

ブルーの方が、怪人を見つけるまでのコストが安くなる条件はこのようになります。
3日×5人×（A＋5000）円＞6日×5人×A円
この不等式をAについて解くと、「A＜5000円」となります。
つまり、戦隊メンバー1日当たりの手当てが5000円以上の場合は、経費を使ってでも3日で探し出した方が合理的ということになります。世界の平和を守る戦隊メンバーは、最低賃金以上が保証されているはずなので、経費を増額するブルーの提案はまっとうな提案と言うことができるでしょう。

職場における多くのルール・ガイドライン・標準などは、当時のタイミングで最適のものになるように設定されています。3年前に設定されたルールであれば、3年前当時の市場の状況・仕事の量・注文が入る頻度・社員の数・熟練者の割合などにフィットするように作られているのです。その通りにすることで、最も効率的に結果を出すことができるのです。

逆に言えば、周囲の環境がガラッと変わっている場合や、メンバーの習熟状況が3年前とまるで異なる場合は、そのルールに従って行動したからといって良い成果が出るとは限らないのです。

とはいえ、今まで従ってきたルールを見直しましょうという提案をする時に、直感だけで議論されても説得力に欠けるものです。取引先の統廃合や工場移転に伴って、バス・電車のない地域への出張が増えていたり、宿泊が必要な遠方の出張が増えていたりする場合もあるでしょう。

しかし、「営業の移動が不便なんで、タクシー使わせてくださいよー」と個人的な願望のように受け止められてしまっては、新たなルール策定にたどり着けないケースも出てきてしまいます。

「そんな制約を課せられていてはできない」「文句を言わず、知恵を絞って工夫しろ」という変にこじれた精神論的議論に陥ってしまうと、仕事をこなす上では面倒極まりない事態です。

数字データを添えて、結果を出すためにはどうすべきかを考え、ルールの見直しも含めてアイデアを出し合う建設的な議論を持ちかけたほうが、あなたの説得力も増していくはずです。

2

ピンク　「相手が値下げしてきたなら、私たちも値段を下げないと……」

×「このままだとライバルに取られてしまうから、相手よりも低い値段にしよう」

○「いや、戦隊トレーディングカードを付けて値上げすべきだ」

――数字を使ってお客さまの満足ポイントをあぶり出す技術

レッド　今年の戦隊ヒーロー祭りの客入りは、例年並みくらいかな？　客席も結構埋まってきたな。

ピンク　この祭りで稼いで、戦隊の運営予算を積み増しておかないとね。予算が枯渇して食生活が貧しくなったら士気に関わるわ！

イエロー　そうだね。今日は本気出すよ！

レッド　本気ならいつも出してくれ……。それにしても、大人の入場者は多いんだが、お子さん連れが少なくないか？

ブルー　「本物の戦隊が大人げなく全力を出すガチなヒーローショー」が我々の売りだから、もともと大きなお友だちが多いんだ。しかし、それにしても確かに子どもが少ないな。

ブラック　おい！　近くのデパートの屋上で、覆面バトル大会をやってるぞ。チケット代がうちの半額で、たこ焼きとカレーが食べ放題らしい。

イエロー　覆面バトルの人たちとかぶっちゃったか。安い上にカレー食べ放題ならそっちに行くかもね……僕も行きたい。

第4章

ピンク　相手が値下げしてきたなら、私たちも値段を下げないと……。
レッド　このままだとライバルに取られてしまうから、相手よりも低い値段にしよう。
ブラック　いや、戦隊トレーディングカードを付けて値上げすべきだ。

買い物したことを友だちに伝えた時「すごく安いね。お買い得な良い買い物だったね！」と言われたことがありますよね。逆に「高い！　そんなことに4万円もつぎ込んだの？」と驚かれたりした経験もきっとあるでしょう。

安いと感じるか、高いと感じるかは人によって大きく異なっています。

また同じ人であっても、1000円のランチに対する印象は、サービス内容によって大きく変わります。「これで1000円とは、なんて安いんだ。SNSに投稿しておこう！」と思う時もあれば、「これで1000円は高過ぎる！　別の店にしておけばよかった」と後悔する時もあるでしょう。

商品・サービスの値段と、顧客満足・企業の利益の関係を分かりやすく説明する理論がアダム・ブランデンバーガーのバリューベースド・ビジネスストラテジーです。

1）払ってよい上限金額

買い手が商品やサービスを見た時、「この金額までならお金を払ってでも欲しい」と感じる金額を指します。

とてもおなかがすいている時には、食事に対して払ってよい金額は上がります。逆に、十分満たされて困っていない時には、ガクッと下がります。

2）実際に支払う金額

店で支払うお金のことです。企業にとっては、これが売上金額になります。

3）提供コスト

企業が、仕入れ先に支払う費用などのコストを指します。

「払ってよい上限金額」から「実際に支払う金額」を引き算したものが、買い手（消費者）の取り分です。これは「お買い得と感じる度合い」と言えますし、少し固い言葉で言えば「顧客満足度」となります。

「実際に支払う金額」から「提供コスト」を引き算したものは、売り手（企業）の取り分となり、「利益」と呼びます。

今回の戦隊たちの事例を分析してみましょう。

去年まではこんな感じでした。（表3）

表3

来場者1人当たり	戦隊ヒーロー祭り
払ってよい上限金額	7000円
実際に支払う金額	5000円
提供コスト	3000円
来場者の満足度	2000円
戦隊の事業利益	2000円

来場者の満足度は7000円－5000円＝2000円
戦隊の事業利益は5000円－3000円＝2000円
非常に質の高い本格的なショーで来場者が楽しんだ結果、2000円分のお買い得感を感じてもらっていました。

しかし、今年からは競合が現れてこのようになりました。（表4）

表4

来場者1人当たり	覆面バトル大会		戦隊ヒーロー祭り	
払ってよい上限金額	5000円	2500円	7000円	2000円
実際に支払う金額	2500円	2000円	5000円	2000円
提供コスト	500円		3000円	

新たに登場した覆面バトル大会の来場者満足度は、5000円－2500円＝2500円となっています。戦隊に比べて、着ぐるみやグッズにチープさがあり、払ってよい上限金額は低くなっています。しかし、実際に払う金額も低く抑えられているため、満足度では覆面バトル大会の方が上回ってしまっているのです！

このまま放置しておくと「覆面バトル大会の方が手頃で面白いからそっち行こうぜ」という話になってしまいます。戦隊側として下期の予算を拡充させるためにも、ここで敗退するわけにはいきません。

ここで重要なポイントは「値段が安い＝他社に乗り換える」ではないことです。値段が安くなることで消費者の取り分が多くなった結果、乗り換えが発生するのです。

レッドが提案するような値引きに頼ってしまうと、それに対応して相手も値段を下げてくるという値引き合戦になってしまいがちです。戦隊ヒーローショー側が４０００円に値引きすると、覆面バトル大会側も１５００円にして応酬するという、不毛な戦いになるでしょう。

顧客満足度を上げるために値段を下げ続けた結果、利益が出せずに事業から撤退するというのは大変残念なことです。

ブラックの提案は、値段を下げるのではなく、払ってもよい上限金額を引き上げて満足度を高めようとするものです。来場者に「限定トレーディングカードを配布する」「１人ずつ記念撮影に応じるコーナーを設ける」「訓練体験イベントを行う」など、来場者に「そこまでしてくれるなら、もっと払ってもよい」と感じさせることで上限金額を引き上げ、顧客満足度も向上させることができます。

お客さまは、何らかの問題を解決したくて商品・サービスを購入するわけです。自社の商品の「払ってもよい上限金額」を調べるためには、お客さまが「自社商品以外で」どのように問題を解決してきたかを調べることが重要になります。かつて同じ状況に置かれた時に、問題を解決するために支払ったことのある金額が、払ってもよい上限金額の値になるのです。

同じ商品でも、状況が違えば上限金額は変わってきます。「このような時に」「このような方に」と設定を設けて、数字を交えて議論していくことが大切です。

3

ブラック「今回の出撃は、戦闘員用にいくつ弾を用意すればいいんだ？」

×「300～400発くらいじゃないか？」

○「200発だ。戦闘員1人につき5発、予想登場人数20人、有効命中率5割だろう」

――数字で報告して、すんなりと承認を取り付ける技術

レッド　九州で怪人の目撃情報が入った。久々の遠征になるぞ！　捜査のために今日中には現地への移動を済ませるから急いで準備するんだ。

ブラック 遠出は腕が鳴るな！　ところでピンク、今回は人数分の飛行機は取れたんだろうな？　去年みたいに夜行バスに分乗するのは勘弁してほしいぞ。

ピンク 先ほど手配できたからご心配なく。去年みたいにお盆の時期にかぶらなくて良かった……。

ブラック それは助かる。俺たちは公共交通機関で、ロボは専用輸送機か。輸送機に俺たちも一緒に乗せてくれればいいのに。

イエロー 遠方へ移動する時は、リスク分散のために別々に移動するルールだからね。合体ロボと武装は僕たちより早く出発するから、準備急がないと。普段と違って遠方で補充が利かないから、予備の武器も積み込まなきゃ。

ブルー とは言ってもな……。専用の特殊機材も増えたから、武器を収納するコンテナは一番小さいものしか輸送機に載せられないぞ。

ブラック 結局、今回の出撃は怪人用にいくつ弾を用意すればいいんだ？

レッド いつもの感じだと、３００～４００発くらいじゃないか？

ブルー ２００発だ。戦闘員１人につき5発、予想登場人数20人、有効命中率5割だろう。

レッド そう聞くと２００発でいい気がしてきたな……。説得力あるな。

クイズで「東京にはいくつのマンホールがあるか？」「日本全国で郵便ポストは何個あるか？」といった数字を計算させる問題を見たことはないでしょうか。よほどの雑学マニアでない限り、正解の数字を知っていることはないでしょう。

これは「フェルミ推定」と呼ばれる問題です。物理学者のエンリコ・フェルミがシカゴ大学の学生に、「アメリカのシカゴには何人のピアノの調律師がいるか？」と出題したのが始まりと言われています。学生の中に、シカゴ調律師協会に所属して正確な人数を把握している人はいないでしょうから、何かしらの手掛かりを基に計算するしかありません。

そこで、このような数式を考えてみる

のです。

シカゴの世帯数×ピアノ保有率÷調律師1人が1年で行う調律の回数。

「シカゴの世帯数」は家族を3人と仮定すれば、シカゴの人口から算出することができるでしょう。

「ピアノ保有率」は、ピアノが家にあった友人が10人のうち1人はいたかなという経験から求められます。

「調律師1人が1年で行う調律の回数」は、年間で250営業日、1日2～3台のピアノを調律できるかな？ と推測で当てはめていきます。そうやって集めた要素の数字を掛け算・割り算することで調律師の数を求めるのです。

調律師の数といった最終的な数字を、直接当てずっぽうで答えようとすると、100倍もズレることはよく起こります。しかし、「世帯の数」「ピアノ保有率」など細かい要素に分解していくと100倍もズレることはないでしょう。

このように、捉えどころのない問題を、何となく数字が推測できそうな要素に分解してから計算することを「フェルミ推定」と呼びます。考えるステップが明確に見えるため、論理力の指標として企業の採用試験にも取り入れられるようになった問題です。

算出した数字の根拠を示すことは、「自分はどのように考えてこの数字を出した」という意見をメンバーと共有することができるので、とても重要です。仕事の上でまるで見当のつかない数字を推測し続けることはないかもしれませんが。

今回の例では、遠征に持っていく弾薬の数を算出しなくてはなりませんでした。遠征になるため、出先で弾薬の数が足りなくなると補充ができずに九州の怪人相手に苦戦するかもしれません。しかし、輸送機のコンテナにはあまり余裕もなく、基地の在庫を全て積み込むわけにもいきません。

レッドは経験上、弾薬の数を見積もり、遠征であることを考えて多めの数字に丸めるという形で数字を出しました。

一方で、ブルーはこのような数式に基づいて、必要な弾薬の数を計算しました。

戦闘員1人を倒すために必要な命中数×戦闘員の人数÷戦隊の攻撃命中率

「戦闘員1人を倒すために必要な命中数」は、経験上の推測です。過去に弾を5発当てて倒れなかった戦闘員はいなかった、という判断に基づいています。「戦闘員の人数」は今回の事件の規模感から、投入される戦闘員人数を見積もりました。命中率については過去の戦闘データに基づいて、より精度の高い数字を持っています。

第4章

このように考えることで、最終の数字について精度を高めて考えることができますし、考え方の途中経過が分かりやすくなります。

たとえば、「最近の戦闘員はプロテクターが強化されていて、1人倒すために6発必要な時も出てきた」とか、「攻撃命中率は訓練の後ではかなり改善しているので、50％は過小評価ではないか」と、計算過程をお互いにチェックすることもできるのです。

仕事をする上で、必要な数字を見積もって予測することも出てくると思います。過去の実績数字を基にして、「来場者予想がこれくらいだから、配布物の数もこれくらいにしておこう」といった計算をする機会もあるでしょう。

そのような時に、計算の根拠を残しておくことが大切です。上司に報告したら、「どうやってその数字が出てきたの？」という質問は必ずくるからです。上司は、さらにその上の上司に対して、説明責任を果たさなくてはなりませんし、他の部門に協力を仰いで動かすには、数字の力を借りることが有効です。

毎回、フェルミ推定のごとく、多数のパラメータから数字を算出していては仕事にならないでしょう。ざっくりと「前回の数字に対して2割増かな」と、「エイ、ヤー」で見積もることも多々あります。

それでも「このような数字を根拠にして、このように考えました」という筋道は、人を説得する上でとても威力を発揮します。

4

ブルー「ピンク、君は射撃訓練で命中率を10%アップするべきだ」

×「平和を守るためには必要だ！　頑張れ！　気合だ！　気合を入れろ！」
○「早く倒せれば、レッドの説教も2時間減って、午後から買い物に行けるでしょ」

――数字でチームを動かす技術

レッド　では、これから戦闘データに基づいた振り返りミーティングを行う。ブルー、解説よろしく。
ブルー　この四半期の戦闘データを集計して解析しました。１人ずつフィードバックしていきます。まずはイエロー。あなたは戦闘員の撃破数・武器の命中率は先月と同じですね。イエローのパワーなら撃破数はもう10％アップはいけるはずです。1人倒してから次の戦闘員に接近するまでの時間を10秒短くしてください。

イエロー　随分と気ぜわしいものだねぇ。頑張るよ。

ブルー　レッド、君は何度お願いしてもビームピストルをあまり使ってくれないね。接近して倒すのはいいんだけど、効率が悪過ぎる。武器の命中率は低くないんだから、もっと使えばいいのに。

レッド　そうは言っても、正義の心は拳に宿るんだよなー。飛び道具には魂が乗らない気がするんだよなー。

ブルー　その議論はまた今度に。ピンク、君は射撃訓練で命中率を10％アップするべきだ。命中率も射撃回数も少ないから、数を増やしてみてはどうだ？

レッド　平和を守るためには必要だ！　頑張れ！　気合だ！　気合を入れろ！

ピンク　気合って言われてもねぇ……。

イエロー　訓練して、早く倒せれば、レッドの説教も2時間減って、午後から買い物に行けるでしょ。日曜午後の時間の使い方は大切だよ？

ピンク　……訓練して2時間早く帰る日が来るなら、本気出そうかな！

人は自分が理解しやすく、メリットを感じやすいことに引かれるものです。

「店内全品30％オフ！」「これから1時間だけ50％オフセール！」「ハッピーアワーはドリンク全品３００円！」などの表示は、自分のお財布への負担が直接軽減されることが実感できます。普段よりも節約して買い物ができると考える人もいますし、気が付いたら普段と同じ予算でたくさん買い物をしていたという人もいるでしょう。

しかし、この計算が複雑で「レシートを年末調整で提出すれば所得税負担が軽くなります！」と言われると、即座に理解できなくなってしまいます。金額的にはメリットがある

提案であっても、消費者の記憶に残ることはないでしょう。

メンバーに取り組んでもらうためには、「実感しやすいメリット」を分かりやすく示す工夫を取り入れることが大切です。

「ピンクは命中率を10%アップさせるべき」という提案に対して、レッドは気合を含んだ情熱で賛同しました。命中率を上げれば、それだけ速やかに怪人を退治することができ、地域の平和を守るという戦隊のミッションに直結すると考えたからです。

レッドのように、自分たちが持つべき心構えや、達成すべきミッションを熱くメンバーに説くことも大切です。自分たちは何のためにこの活動を行っているのか、常に理念に根差して考えることは欠かせません。

一方、イエローの提案は、レッドとは方向性が違っていました。射撃が上手ではないピンクは、毎週日曜日の怪人との戦闘後、レッドから長時間の指導を受けていたのです。ピンクの戦い方に納得のいっていないレッドは、武器の使い方や接近してからの戦い方などを詳しく教えていました。

しかし、レッド流の戦い方はピンクには上手く合わず、日曜の午後はずっとお説教を受けているようで憂鬱だったのです。この残念な時間の使い方を知っていたイエローは、

「この訓練をすれば日曜午後に早く帰ることができるよ」という表現で、メリットを打ち出すことにしたのです。結果、レッドとの訓練を切り上げて2時間早く帰る魅力は、ピンクの心にとても響きました。

仕事をする上で、組織全体の目標やミッションを理解しておくことは大切です。その一方で、組織全体の目標だけをウォッチしていれば、自分の仕事に対するモチベーションがモリモリと高まるという人はいません。

自分が直接関わる部署には、どのようなメリットがあるか、自分個人に対してはどうか、という部分は無視できないものです。たとえ組織全体を気に掛ける経営者であったとしても、自分個人の収入を完全に無視して仕事をするわけにもいかないでしょう。

関わる人間が増えて、自分が影響を及ぼせる範囲が限られてくると、自分事から他人事へと変わっていってしまうものです。すると、残念ながら仕事に取り組むモチベーションが湧かなくなってしまい、日々の業務に身が入らなくなってしまうこともあります。

祭りの神輿は、担ぐ人が増えればより大きくて重い神輿でも持ち上げて、道を練り歩くことができます。しかし、人数が多くなっていくに連れて「自分が支えなくては！」という思いが薄れてしまって、少人数の時よりも力を入れなくなってしまう心理が働いてしまうものです。常に自分事として感じられることが、モチベーションの上でもとても重要なのです。

数字で相手にメリットを伝えることは、とても説得力を持ちます。しかし、その人にとって他人事のような数字で伝えられても心には刺さらないのです。相手の行動を促すような、モチベーションを高めるようなメリットを伝えるには、どの数字を使うのが効果的かをしっかりと考えておくと良いでしょう。

相手がチームの経費管理を担当しているのであれば、経費がどの程度減るかを考えてあげると伝わりやすくなります。営業を担当している人には、新しい販売方法を使えば販売単価がどれくらい上がりそうだという数字を添えて伝えると、研修会への力の入れようも変わってくるでしょう。

また、会社全体という規模の大きな数字であれば、社員1人当たりに換算してみるといった割り算を挟むことで、イメージが伝わりやすくなります。

メンバーが何の数字に関心を持っているか、何に困っているかを把握しておくと、相手の助けになるように提案することができるようになります。説得力があっても関心を引き立てないと数字の威力が発揮されません。数字の選び方も話し合ってみてください。

5

イエロー「先週の保険屋さんとの懇親会の領収書、10万円で清算よろしく」

×「俺たちが現場で平和守ってるんだから、細かいコト言うな」
○「このおかげで怪人被害保険の適用枠が広がって、毎月30万円は浮くよ」
――経理部門を味方に付ける数字の活用法

ピンク　みんな、月末が近いから請求書をさっさと回して！　立て替えた領収書も私に回ってこなかったら自腹のままにするからね！

レッド　そうだぞ～。忘れずに出すんだぞ～。

ピンク　そう言ってるレッドの引き出しが一番問題なんだけどね！「先月にはレッドさんに請求書を送ったのですが」っていう督促電話を何回受けたことか！

ブラック 人間、得手不得手はあるもんだよ。武器とロボットのメンテ周りの請求書はこれで全部だよ。

ピンク 今月はあまり大きなイベントはなかったから、定例のもので全部かしら？

イエロー 先週あった保険屋さんとの懇親会、領収書を回しておくね。10万円で清算よろしく～。

ピンク ハァ？　戦隊でその会食に参加したのイエロー1人でしょう。何を食べてきたのよ？

レッド まぁまぁ、俺たちが現場で平和守ってるんだから、事務処理で細かいコト言うなよ……。

ピンク 「請求書を期日までに出す」っていうルールも満足に守れないトリ頭が何を言い出すのよ！　あなたが戦隊の経費全部出してくれるの？　少し黙ってなさい！

レッド ほんとすんません……。

イエロー ピンク、この会食の席で交渉して、怪人被害保険の適用枠が広がったんだ。ロボットで移動している時の車両接触事故にも保険が適用されるようになったから、経費が毎月30万円は浮くんじゃないかな。

ピンク 凄い成果じゃないの！　さすが我が戦隊の美食の帝王ね！

会社は事業を行って売上を立て、社員への給料や仕入れ代などの経費を支払い、利益を出すことで存続していきます。

売上−経費＝利益

というシンプルな式で、利益が計算されます。

経理部門の方と話をする上で抑えておきたいポイントは、「売上と関連付けて経費を説明する」という点です。本来、会社で行っている事業の中で、売上を立てるために経費を使うのです。売上とは一切関係なく、ただ一方的にお金を使うという事態はまずありません。ボールペンを買うお金も、タクシーで移動するお金も、ソフトウェアのライセンス料も全て売上と関連した出費なのです。

常に一定の支出が発生する項目（通常の文房具のリピート発注）などであれば、ルーティンで処理されています。しかし、見慣れない書式の請求書や領収書が回ってきた時は、経理の方も確認を取ることが多いです。「あなたが回してきた領収書、これは何ですか？」と。当然、仕事と全く関係ない領収書を回しているわけではないのですから、正々堂々と答えれば良いのです。が、普段はあまり話をする機会のない経理の方から内線電話が掛かってくると、事件の捜査対象になったみたいでビックリしてしまいますね。思わず回りくどい説明をしてみたり、上司の承認を取っていることを連呼してみたりと挙動不審になってしまいがちです。

経費は必ず売上と結びついている原則を思い出して、「この事業の開発で使いました」「この商品の販売キャンペーンに関するものです」といった、売上を立てる活動と関連付ける形で説明すると納得されやすいでしょう。

イエローは、10万円の領収書を回してきました。戦隊が普段行っている会食の費用にしてはあまりに高額です。最もまずいやり方は、「全体予算に比べれば大した金額じゃないから細かいことを気にするな」と押し切ろうとすることです。まさに、レッドはそれをやろうとして、ピンクにたしなめられてしまいました。

会社の経費は「ちりも積もれば山となる」です。1件1件は少額でも、会社全体・年間で積み上げるとバカにできない金額になりますから、おいそれと管理の目を緩めるわけにはいかないのです。それを見誤ると、レッドのような目に遭ってしまうでしょう。

その点、イエローはしっかりと経費の成果を説明することができました。10万円の会食費を出して交渉したことで、毎月30万円（年間360万円）もの経費節減になる成果を勝ち取ったのです。

合体ロボットが街中を移動する際に、駐車していた自動車に接触して損害を与える事故が毎回発生しており、毎月の修理費を戦隊が負担していたのです。しかし、無事に保険が適用されることになって、戦隊の負担を大きく減らすことに成功しました。このような成果を添えて説得すれば、ピンクが10万円を処理する負担も大きく減ることでしょう。

逆に、「この経費を使わなければ、どれだけ売上が下がるか」という観点も、数字を見る上で大切なポイントです。

売上－経費＝利益

の式において、経費を削れば利益が増えるという計算になります。

しかし、そもそも経費は売上を立てるために使っているお金ですから、経費を削ればその分だけ売上が減ることも十分予想されます。

広告費を削れば露出が減って通販売上が下がるでしょうし、運搬費を削るためにトラックの配送回数を少なくすると、在庫切れを起こすこともあるでしょう。売上につながっていない無駄な経費を削れば利益は増えますが、売上のキーになっている経費を削ってしまうと利益が下がってしまい、何のために経費を削減してきたのか、さっぱり分からなくなってしまいます。

定期的に「長年使ってきた経費はどの程度売上に貢献しているのだろうか？」と棚卸しをして考えてみるといいでしょう。ビジネス環境が変わって、メインで商品を買ってくれる年齢層がガラッと変わってきたのに、広告を出している雑誌が以前のままということもあるでしょう。サービスは使わなくなったけれど、月額料金だけは毎月かかっていたということもあるかもしれません。

経費の数字は単体で見るのではなく、どの程度売上に貢献しているかの数字とリンクさせて見るようにしましょう。

これによって、ビジネスパーソンとして「チャンスを逃さずに企業の利益アップにつながる判断」がしやすくなるのです。

6 「ファイナルアタックをもっと速く発射できるように特訓だ！」

レッド
×「そうだな。全員の速度10％向上を目指した訓練策を作ろう」
○「いや、ボトルネックになっているレッドを改善しないと遅いままよ」

――成果が出る改善と出ない改善を見抜く数字の活用法

イエロー　最近は怪人が随分と強くなったよね。この間なんて、ファイナルアタックをよけられそうになるところだったもん！　びっくりしたよ。

ブルー　そうだな。5対1で怪人をフルボッコにして、弱らせてから必殺技を撃つのが定石なんだが……怪人をダウンさせたら即座にファイナルアタックに移らないと、エネルギー切れを起こしそうだ。

ピンク　フォーメーションを組む・全員の武器を合体させてエネルギーを集める・ファイナルアタックを放つ、のリードタイムを短くしないといけないってことね。

ブラック　今は1分近くかかっているからな。

レッド　よし、ファイナルアタックをもっと速く発射できるように特訓だ！　山にこもってマラソンと滝修行の準備だ！

ブラック　そうだな。全員の速度10％向上を目指した訓練策を作ろう。残業してプランを作っておくよ。

ピンク　いや、ボトルネックになっているレッドを改善しないと遅いままよ。全員が特訓してフォーメーションを組む時間を短縮しても効果が薄いわ。

レッド　どうして？

ピンク　最後に引き金を引く前のレッドのセリフが長過ぎるのよ！　平和だの熱いハートだのを口にする時間があったら引き金引けっての!?

レッド　ほんとすんません……。

学校の宿題も会社の仕事にも、必ず付いてくるのが締め切りです。残念ながら「いつまでに片付ける」という期日がないと、宿題や仕事に手を付けないという人間の悲しい性もありますが。

期日までに仕事を片付けるというスケジュールで働いていると、必要とされる品質の仕事を、より短い時間で片付けるという改善活動を行う機会が増えてくるでしょう。

仕事＝業務＋改善ともいうように、日々の業務を期日までに片付けることだけでなく、より業務を効率的に行えるようにする改善も仕事の一部と言われています。

さらに現在は、やみくもな長時間労働をしなくて済むように、仕事の内容や分担を見直す「働き方改革」に取り組んでいる職場も多いことでしょう。

しかしながら、気付いた仕事をさっさと片付ければ早く帰宅できるようになる、というほど単純なものではありません。成果につながる改善と、そうでない改善があるのです。

仕事でいえば、仮に「職場での移動は全力疾走にする」ルールを適用し、会議室に移動する時間を全員が数秒ずつ短くすれば、納期が劇的に縮まるでしょうか？

残念ですが、とてもそうは思えませんね。会議室まで全力疾走して時間を5秒ずつ短縮したとしても、会議がダラダラと延長したら全部無駄になってしまいます。本当に短くすべきところを見誤ってしまうと「成果の出ない改善」に取り組んでしまい、悲しい事態になります。本人たちは積極的に改善するために頑張っているのですが、成果につながらないと無力感を感じてしまいます。

今回の例では、ファイナルアタックを撃つまでのリードタイムを短縮する改善活動が必要でした。

①フォーメーションを組む
②全員の武器を合体させて、エネルギーを集める
③ファイナルアタックを放つ
の3ステップです。

今回は緊急の対策ということもあり、機械や設備といったハードウェアの刷新は行わず、現場での取り組みを改善することにしています。②は武器のエネルギー転送速度だけの問題なので、日々のメンテナンスを怠らない程度の対策に留めました。

①では、戦隊5人が怪人から一定の距離を取って、フォーメーションを組む必要があります。レッドを中心として、各自の立ち位置とお互いの距離は決まっています。レッドが号令を掛けたら、すぐに怪人から距離を取って整列するのですから、戦闘中にレッドがどこにいるか、どのタイミングで移動した方が良いか、などを考えて訓練しています。

今回問題になったのは③でした。全員の武器は合体してエネルギーが既に集まっていますから、あとは照準を合わせて引き金を引いて発射するだけです。ピンクによると、引き金を引きさえすれば済む段階で、レッドが前口上を長々と述べるのが問題だと指摘していました。正義の戦隊によくある決め台詞は、フォーメーションを組む時間よりも長く続いていたようです。いろいろと正義について言いたいことがあったのでしょうね。

ピンクの台詞にもありましたが、全体工程の期日を決める工程を「ボトルネック」と言います。ボトルネックとはワインボトルのように細くなっている箇所を指します。他の部分を太くしてたくさん流し込もうとしても、細い部分が残ったままだと流し込む速度が変わらないのです。

工程を改善する上では、ボトルネックになっている工程を突き止めて、処理量を増やすという取り組みが欠かせません。さらに、あるボトルネック工程を改善して処理量を増やしたとしても、その次に細かった工程が新たなボトルネックになります。

工程のどこかには、常にボトルネックが存在しているので、それを絶えず突き止めては改善していくというプロセスが大切なのです。

改善を行う際には、「その工程を改善すれば、全体はどうなるか」も一緒に考えてみましょう。「この工程が30分短縮されれば……」と考えながら工程を追いかけていって、最終納品も早くなるようであれば、打ち手は正解です。

一方で、他の工程にボトルネックが存在していた場合は、せっかく改善活動をしても、途中の手待ち時間と在庫が増えるだけになってしまうのです。

自分たちのチームが担当しているのは、仕事全体のほんの一部です。社内の別部門や他企業にお願いしている工程もあるでしょう。

案外日常的に行っている業務であっても、1日の処理量や1件ごとの処理時間、待ち時間を数字で把握しきれていないものです。特にオフィス業務の大半は、処理時間よりも待ち時間からできています。全体工程を数字で書き出し、ボトルネックを探し出せるようにしていきましょう。

7

ピンク「個人の対怪人用武装の出力を10％パワーアップしたらどう？」

×「確かに効果的だな！　早速やってみよう」

○「いや、実は最大出力よりも持続時間を10％延ばした方が効果的なんだ」

――一番重要な課題を浮き彫りにする数字の威力

イエロー　おや、ブラック。今日も武器を改造しているの？　好きだねぇ。

ブラック　好きで残業してるわけじゃないよ。ビームピストルの使い方がみんな違うから、設定も気を付けてあげないとね。

ピンク　そんなことしてたの？　見掛けによらず実はマメだったのね、ブラックは。

ブラック　ピンクは小さなエネルギー弾を連射してることが多いな。逆に、イエローはタメ撃ちで一掃するのが好きなんだろう。

イエロー　ブラックはよく見てるね〜。

ブラック　ブルーは無駄弾を使わずに狙撃を好む感じだね。自分は連射も狙撃もタメ撃ちも、搭載している機能は満遍なく使うタイプだ。

レッド　俺は？　俺は？

ブラック　あんたはビームピストル使わずに、素手で抑え込みにいってるでしょ。たまには使ってみなよ。

レッド　前向きに善処します……。

ピンク　この際、パパッと敵を倒せるように、ビームピストルの出力をもっとパワーアップしたらどう？

レッド　それは威力も上がるし確かに効果的だな！　早速やってみようぜ！

ブラック　いや、実は最大出力よりも持続時間を10％延ばした方が効果的なんだ。

みなさんの仕事において、メンバーが増員されることになった時のことを考えてみましょう。普段から「人が欲しい」「残業が長い」「休暇を取らせろ」と、上司の耳元で呪詛《じゅそ》のように上申し続けたかいがあったというものです。忙しい職場において、追加メンバーの承認は、まさに福音とも言えます。

さて、待ちに待ったメンバーには、どんな仕事を担当してもらうでしょうか？ どんなトレーニングをして、どの工程を担当してもらうべきか、チームとしての見解を持っているでしょうか？

実は「人が必要！」「早くちょうだい！」と言いながら、具体的な配属については案外と考えられていないことが多いのです。メンバーを増員すればコミュニケーション費用は確実に増加するため、仕事に充てられる時間は減った状態になります。増員メンバーが仕事に直結しないと、誰もが苦しい立場になってしまうのです。

メンバー追加の時に行われる、よろしくない2つのパターンが「何となく増員」と「声量増員」です。

①何となく増員

できることから担当してもらって、職場の仕事を一通りマスターしてもらうというものです。

チーム全体の処理能力を満遍なく底上げする効果はあるものの、ボトルネックの工程はそのまま温存されます。たとえば、5つの工程の仕事に対して1人を増員して均等に担当したとすると、ボトルネックの工程には0・2人分しか増えていないことになります。結果的に人は増やしているのに、現場の忙しさが変わらないという事態に陥りがちです。

②声量増員

声が大きいメンバーが主張する工程に増員するやり方です。

主張の激しい方が、的確にボトルネック工程を考えて配置しているのなら大当たりですが、そうはうまくいきません。

「私の仕事大変なのよ！　ここを補強しないと増員した意味がない！」とばかりに、非常に熱心に主張してくるケースがあります。ボトルネック工程以外を増強してしまうと、2倍速で仕掛かり待ち在庫を積み上げていくだけになってしまい、全体で見た時の業務改善につながっていないという結果になってしまいます。

ここで重要になるのが「感度分析」です。

よく使われるのは「利益感度分析」と呼ばれるもので、外部環境が変わった時に自社の利益がどの程度影響を受けるかをシミュレーションする分析方法です。

たとえば、「為替レートが変わった場合」「販売単価が下がった場合」「販売個数が減少した場合」などを想定して、自社の利益がどのように変化するかを数字で抑えておきます。これによって、自社にとって都合の悪い市場環境になった場合でも、これくらいの売上を達成しそうだという目安を得ることができます。逆に、どのパラメータが利益に一番強く影響するかを明らかにすることもでき、打ち手を考える時に有効です。

「この工程で人が増えたらどうなるか？」という感度分析を事前に行っておけば、数字に基づいて配属先を決めることができます。効果の見通しが数字に基づいていると、根拠に説得力が生まれますので、何となく増員したり声高に叫ぶメンバーに従ったりする事態を回避することができるでしょう。

戦隊の武器を管理していたブラックは、普段から武器をどのように改良すれば、より早く戦闘員・怪人を倒すことができるか、という感度分析を行っていました。出力を上げるのが良いか・連射機能の改善が良いか・タメ撃ちまでの時間短縮が良いか・命中精度を上げるのが良いか、改善した方が良さそうなポイントは多々あるのです。

しかし、戦隊の限られた時間・予算の中で、最も有効と思える打ち手を絞って実行する必要がありました。ブラックの出した結論は「出力はそのままで使い勝手は変更せず、バッテリーを強化して武器の持続時間を10％延ばす」でした。使い勝手が変わらなければ追加の訓練も不要であり、即効性が高いはずです。

また、エネルギー切れを心配することなく、遠慮せずに攻撃できるというメリットが最も大きいと判断したのでしょう。

仕事は複雑に構成されていて、何を改善すればどうなる、という関係が入り組んでいることが多いものです。そこで、過去の取り組みと成果を数字データで把握しておき、少しずつ因果関係を解きほぐしていくことが大切です。

最も成果が上がりやすい改善ポイントを探り出して、そこに人を割り当てていくという取り組みは、今後仕事の生産性を上げていく上では欠かせない考え方です。何となく増員したり、ボトルネック以外の工程を増強したりしていると、1人当たりの労働生産性はどんどん低下していきます。

「1日に何個できるようになる」「納期はどのくらい縮まる」といったチームで担当している仕事の成果を意識しながら、どこを強化すべきかを数字を基にして考えておきましょう。

8

ブラック「ちくしょう、どれだけ攻撃すれば奴を倒せるんだ!?」

×「諦めるな！　例年この時期の怪人なら、１人平均10発当てれば倒せるはず！」

○「ブラックの攻撃の威力なら、関節に３発当てれば十分だ！」

――アバウトでも人に刺さる計算の仕方

レッド　今回の怪人は、随分と分厚い装甲を着込んでいるな。手強い！

ブルー　盾はカメの甲羅製、鎧は甲殻類をベースにしているな。補強でステンレスも入れているみたいだ。しかも戦い慣れている！

イエロー　そうだね。パンチした時、まるでカニを殴ってるようだったよ！

レッド　ああ、盾で殴られた時は、カメが頭にぶつかったみたいに痛かったしな！

ピンク　２人して情報量の増えない会話をしてるわね。奴はパワーもあるから接近戦は不利だし、射撃も装甲に弾かれる……面倒くさい！

イエロー　ダメージを与えていない状況でファイナルアタックを撃ってもよけられちゃう

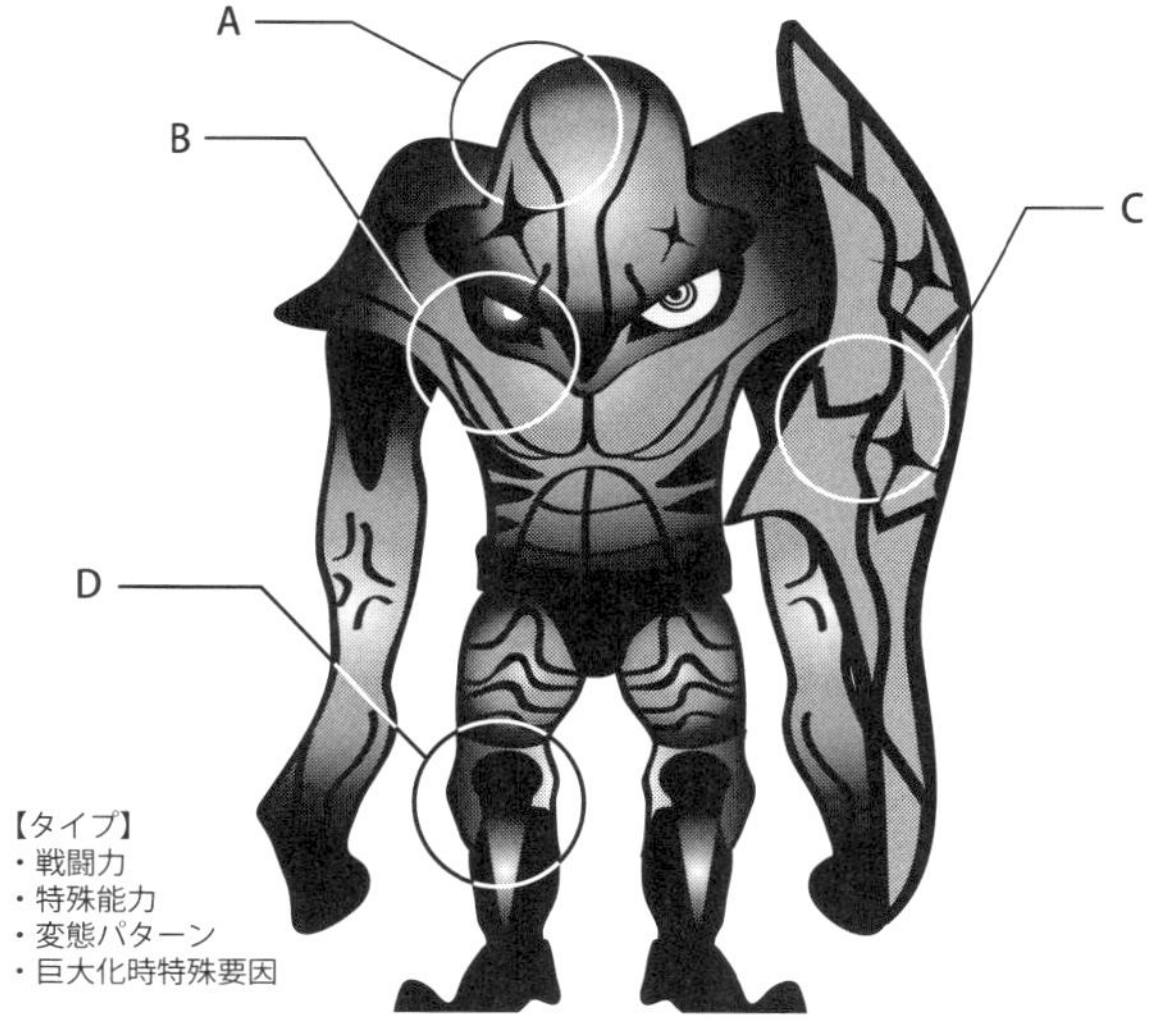

しね。弱らせてグロッキー状態にしておかないといけないのに、先に僕たちがダウンしそうだよ……。

ブラック　ちくしょう、どれだけ攻撃すれば奴を倒せるんだ⁉

レッド　諦めるな！　こんなこともあろうかと、過去の怪人との戦闘データを復習してきたんだ。例年この時期の怪人なら、1人平均10発当てれば倒せるはず！

ブルー　重装甲の怪人は膝が弱い傾向にある。ブラックの攻撃の威力なら、膝関節に3発当てれば十分だ！　そこで奴の動きを止めてファイナルアタックに持ち込む！

レッド　あれ、俺も数字で伝えてるのに、ブラックはこっちを見てくれないぞ……。

数字は具体的で説得力を持つのですが、そもそも相手の心に刺さらないと、その威力を発揮することができません。数字で伝えさえすれば人が動くとは限らないのです。仕事で人を動かすためには、何に気を付ければ良いかを考えていきます。

人が行動を起こすには「理解」「納得」「行動」の3段階があると言われています。仕事で人に行動を起こしてもらうためには、理解してもらって、納得してもらって、初めて行動してもらえるのです。逆に、言葉や数字を理解できたとしても、納得のいく説明になっていなければ行動に移りません。

たとえば、「今から1人5000円ずつ回収するので、現金を出してください」とお願いされたとします。この言葉の内容自体は理解できるにしても、何も聞かずに財布を開く人はいません。その行動をしなくてはならない理由に、全く納得できていないからです。

「同僚の結婚祝いのパーティーをします。会費とプレゼント代で1人5000円集めます」と言えば、どうでしょうか。お金を集める趣旨が明らかになったことで、「そういうことなら」と納得してお金を払う人も出てくるはずです。このように、相手を「行動を取る意味を納得させられるか」は非常に重要なのです。

データを分析すれば、切り口によっていろんな数字が出てきます。月別・年別・販売国別・地域別・製品別・企業別・業界別など、分類の仕方は無数にありますので、データを分析した分だけ、新たな数字が誕生してきます。

相手に刺さる数字とは、相手の行動を促すように納得させられる数字のことです。分析して出た数字の中から選び出さなくてはなりませんし、行動を促すには、どのようなデータが必要かを事前に考えて分析しておく方が良いでしょう。

たとえば、焼肉屋に行きたいと思って、店を選ぶ場合を考えてみます。SNS上の口コミを分析して「その地域の焼肉屋40店舗を調査した結果、評価の平均は2・8で、標準偏差は0・7でした」というデータを示されても、店を選ぶ助けにはならないでしょう。分析のための分析になってしまっていて、「ふーん、そうなんだ」という感想が得られたとしても、誰かの心に刺さるわけではありません。ブログの記事ネタとしては良いかもしれませんが、誰かに具体的な行動を取らせるだけの力にはならないのです。

むしろ「予算5000円で、評価が3・3以上の店をピックアップしました。この中から選びましょう」と言われた方がよっぽど納得感があり、行動しやすいはずです。

今回、レッドは珍しく過去のデータを調査していました。月ごとの戦闘データを解析した結果、怪人が弱くなる時期があることを見出したのです！　その調査によると、毎年この時期の怪人は弱体化していて、戦隊が怪人を倒すまでに放った平均攻撃回数は50回という結果でした。戦隊メンバー5人で割り算して1人当たり10発当てれば勝てるというのは、過去のデータに基づいた提案だったのです。熱血一本やりのレッドにしては、大きな進歩といえるでしょう。

しかし、目の前にいるのは平均的な怪人像からかけ離れた、とても手強い相手です。いかにデータに基づいた行動プランであっても、平均値の議論で対処するのはあまりに不自然でした。残念ながらブラックの心には刺さらなかったのです。

一方で、ブルーは怪人のタイプごとにも分析していました。今回のような重装甲型、素早く走り回るスピード型、攻撃重視のノーマル型、とにかくタフな巨漢型というタイプで怪人を分類しており、タイプごとの弱点を分析していたのです。重装甲を着込んだ怪人は、膝間接に負担が掛かることを見抜いたことは、ブラックにとっても納得がいき、具体的な行動指針が定まったのです。

数字を使った分析に慣れてくると、色んな分析をしたくなってしまうものです。色んな切り口で見てみると、今まで気付かなかったポイントが明らかになることもあります。しかし、そのデータを単にメンバーに示しただけでは「そういう事実があるのは分かったけど……」という微妙な反応で終わりがちです。「評論家的データだ！」と言われて、退けられてしまう場合もあるでしょう。実行に移さなくても、面白そうなデータであれば、具体的なプランが思いつくまでは温めておく方が無難です。

仕事の上で分析を行う目的は、分析した結果に基づいて打ち手を考え出し、それを実行するためです。たとえば、営業担当が地域別で決まっている組織なら地域別データに、WEB通販が多いなら購買者の属性別データにするなど、実行を意識した分析の工夫をすると、相手に刺さりやすい数字になっていきます。

まとめコラム

戦隊に求められる週次報告書とは?

レッド　最近、司令に報告書を出すと、すんなり通ることが増えてきたんだよな。報告書のために残業することがなくなって、トレーニングジムに通う時間が増えたぜ。

ピンク　ちょっと前までは、レッドが報告書を出してからが本番だったものね。司令が何度もレッドに電話したり、呼び出したりと大変そうだったわ。報告書をまとめるだけでも大騒ぎだったのに、最近は随分とあっさりしてるのね。

ブルー　数字を使った報告を意識するようになって、司令に戦隊の情報が伝わりやすくなったんだろう。司令も、地域の戦隊組織をまとめるエリアマネージャーを兼務するようになって忙しくなったみたいだし、レッドがまともな報告をするようになって、助かっているはずだよ。

イエロー　報告に数字を使えば確かに具体的になるよね。「効果は大きかったので、ぜひ次も買ってください」と言っても判断できないものなぁ。

ブラック　そうだな。具体的な数字を見た時、読み手はメリットもデメリットも具

体的にイメージしやすくなる。説得力が増すよな。

ブルー　その通りだ。さらに、その数字が出てきた根拠を示せれば、さらに説得力にも磨きがかかるというものだ。何を根拠にしつつ、どのように計算して導いたのか、そういった情報をまとめておくといいだろう。

イエロー　でも、数式ばかり書く報告書は嫌だなぁ。どうやったら一発ＯＫな報告書になるんだろう。

ブルー　詳しくは第４章を読んでもらうとしてだな。数字を使って「仕組みを見えるようにする」ことを意識すべきだね。

ピンク　仕組み？　さらに小難しいこと

言い出したわね、ブルー。

ブラック　ここは実際に報告書を出して、一発ＯＫをもらっているレッドの意見を聞いてみようじゃないか。赤点レポートの常習犯が、どうやってそんなに変わったんだい？

ピンク　レッドだけに赤点ってか？　草生えるわ。

レッド　茶化すな、ピンク！　報告書を書く時に、結論をどのように出したのか、その理由を盛り込むようにしたんだ。自分がどのように考えて、どの数字を使ったかを書いているよ。司令から「その数字はもっと精査しろ」「この要因が抜け落ちている」と指摘されて修正することはあるけど、以前と比べればやり直しもだいぶ減ったかな。これもコミュニケーション費用を下げたってことなんだろう。

司令　数字を使って考えるってことは、物事を論理的に構造化して相手に伝えるってことだ。これからもしっかり励め、若者たちよ！

戦隊　（司令、突然登場しやがったな……最近は出番なかったからなぁ。）

第５章

言葉をスパイスにして数字で部下を動かすコツ

1

「君が考えた攻撃力10%増プランが、どのように怪人退治につながるか考えてみよう」

――そもそもの目的まで立ち返る「急がば回れ法」

ブラック みんな聞いてくれ。新しい攻撃フォーメーションをテストしたいんだ。

レッド 新しい提案だな、ブラック。でも、最近の俺は数字にうるさいよ？

イエロー どのくらい改善するんだい、ブラック？

ブラック 新しいフォーメーションなら、装備そのままで攻撃力が10%は増えるぜ。

ブルー たいしたもんだな。どうやるんだ？

ブラック 射撃の時、足を肩幅＋5㎝に開いて、腰を15㎝落とす姿勢を取るんだ。

ピンク ……みっともないガニ股ね。

ブラック ああ、見た目は悪いが効果は抜群だぜ。ブルーが集めたデータを調べたら、みんなの射撃の20%は上半身がブレて的を外していたことが分かったんだ。

レッド なるほど、ガニ股スタイルで構えれば、姿勢が安定して的を外さなくなるから10

%くらいは改善するって見込んだんだな！　すごいじゃないか、ブラック！

ピンク　……無様ね。

イエロー　でも、これで攻撃が命中するようになるならいいんじゃない？

ブルー　そもそも、君が考えた攻撃力10％増プランが、どのように怪人退治につながるか考えてみよう。私たちは攻撃力を上げることが目的ではなく、怪人を倒すことが目的なはずだからね。ガニ股で足を止めたらこっちが射撃の的になりそうだが、そこはどう考えているんだろう、ブラック？

「そもそも、これは何のためにやっているのだっけ？」と疑問に思ってしまうような取り組みに巡り合ったことはないでしょうか？

①無駄な照明をつけていないか見回り、消して回る専任の当番が設置された

②夏場のクーラー使用量を抑えるため、至る所に大型送風機と扇風機が設置された

これらは一見すると、効果がありそうなことをやっているようにも見えます。

①人がいない部屋の照明を消して節電する

②クーラーの設定温度上限を決められた通りに守る

しかし、そもそも「本来実現したかったこと」につながっているでしょうか？

①節電できた電気代よりも人件費の方が高かった

②節電のための設定温度の厳守のはずが、温度を下げるより電気代が高くついた

コストを削減するために節電を行う方針を定め、節電するために使っていない照明を消し、クーラーの温度上限を守ることにしたのです。

しかし、①では巡回担当者を決めて照明を消して回ったために人件費がかかり、②では送風機と扇風機の数が尋常ではなくて、余計に電気代が掛かってしまいました。目の前の

目標は達成できたかもしれませんが、そもそも節電を行う目的であったコスト削減にはつながっていなかったのです。

ブラックは今回、データ分析に基づいて改善提案を行ってきました。

射撃データを調べた結果、射撃した時の20％は上半身がブレて、狙いが定まらない状態になっていました。身体のブレが大きいことで、射撃しても戦闘員や怪人に命中していなかったことを突き止めたのです。足腰を落とし、ガニ股で武器を構えて射撃すれば、命中率が高まって戦闘が有利になるというのも、もっともらしく聞こえます。

しかし、ブラックは上半身がブレる原因を見落としてしまっていました。身体がブレていたのは、敵からの攻撃をよけながら移動している時のことだったのです。攻撃をよけながら、牽制のために射撃をしていたのですから、命中率が悪いのも当然です。

敵から攻撃されているのですから、ガニ股で腰を落として射撃の命中率を上げている場合ではありません。フットワーク良く距離を取りながら、射撃できるポイントまで素早く移動しなくては、蜂の巣になってしまいます。ブラックの提案通りのガニ股射撃を身に付けても、残念ながら怪人との戦いは厳しいままでしょう。

ブラックは、怪人との戦闘で苦戦する理由を、射撃が命中せずに戦いが長引いているためと考えました。そこで、射撃の命中率を上げれば早く戦いを終わらせることができると考えて、ガニ股射撃という対策を思いつきました。

ここで、ブラックは自分たちがこの対策を取ったとしたら、どのように自分たちの戦い方が変わって、怪人との戦闘がどうなるかを追いかけて検証するべきでした。命中率が高まればすぐに勝てる、という目の前の目標達成だけに意識がいっていたのかもしれません。そもそも、怪人を倒すという観点に立ってプロセスを検証できていれば、実はガニ股姿勢を取るタイミングがないことに気付き、別の提案が出てきたでしょう。

問題に取り組む時は、トヨタの「なぜなぜ5回」と言われるように、「なぜそうなるのか」という問いかけを何度も行って、真の要因を特定して対処します。しかし、その途中過程の「なぜなぜ」が微妙にズレて論理的に整合していないと、「苦労して真の要因に対処したはずなのに問題が解決していない」という事態に陥ってしまいます。

解決策がそのまま実行に移されたとしても、途中で論理の食い違いや矛盾に気が付くことも十分あります。事前に考えていたことが全て正しいとは限りませんから、実行しながら修正して考え直すこともあるでしょう。

しかし、「目の前の目標を達成しているからＯＫ」とだけ判断していると、目の前に気付くチャンスが何度あっても、気付く意識が生まれません。特に数字目標に落とし込まれていると、単純に数字だけ追いかけてしまって論理の矛盾をスルーしてしまいます。結果、「最後まで頑張ってやり抜いたけど、成果は出なかった」という悲劇が起こってしまうのです。

真の要因と対策の検討ができた段階で、「そもそも、本来の目的は何だったか？」まで一度立ち返ってみましょう。そして、対策を取ることでどのように事態が解決し、本来の目的達成につながるかのルートを確認していくのです。

毎回、そもそも論まで立ち返ってはいられません。実行に移す具体策が練り上がった時には、一見遠回りのように見えても、きちんと「なぜ解決できるのか」をチェックすることをお勧めします。これが「急がば回れ」に通じます。

2

「その計画ではコストが30％減るから、イエローの食費が1年分浮くくらいだね」

――数字から言葉に戻す手伝いをする「翻訳サービス法」

レッド　今日集まってもらったのは他でもない。怪人を一撃で仕留めることができずに夕方まで長引いてしまった事件の反省会だ。

イエロー　ファイナルアタックがよけられちゃうんだもん、焦ったな～。

ピンク　おまけに隣地のオフィスビルも壊しちゃったしね。日曜で無人だったから良かったけど……。

ブルー　毎回2度も3度もファイナルアタックを撃っていたら、この弾薬費で予算が尽きてしまうからね。

レッド　そもそも、3発も撃ってればどこがファイナルだって話になるしな！

ブラック　そこで「ファイナルアタック命中率改善プロジェクト」を実行することになった。会議では再発防止策を議論することになるから協力してくれ。

ブルー　きちんと命中して一撃で怪人にトドメを刺していたと仮定したら、1年間で計算するとコストが30％節約できたことになる。イエローの食費が1年分浮くくらいの節約になる計算だ。

ピンク　イエローは燃費の悪い車並みに燃料食うから、金額的にはそんなところね。

イエロー　ふ〜ん、それくらい節約できるのか。

レッド　ピンとこないか、イエロー？　食費1年分の節約になるってことは、このプロジェクトが成功したら、今までの2倍食べても予算内に収まるようになるってことなんだぞ？

イエロー　最初からそう言いなよ、レッド！　僕、がぜんやる気が出てきたよ！　生まれて初めて会議で本気を出すことにするね！

第5章

数字を分かりやすく伝える上で、例え話を持ち出すことがありますね。

おそらく日本で最もよく使われている例えは、「敷地面積は何と東京ドーム10個分！」ではないでしょうか。東京ドームの建築面積である4・7haを1つの単位として、敷地面積を表現しているのです。

このように「東京ドーム何個分」のような例え話を活用して数字を説明することには、2つの大きなメリットがあります。

1つ目のメリットは、身近な例えを盛り込むことで、聞いた人に具体的なイメージを持ってもらえることです。「成人男性100人分の重量に耐えられます」「折りたたまれたものを広げると、4畳半くらいになります」といった表現であれば、例えている内容を簡単にイメージすることができ、理解しやすくなります。東京ドームの広さ・大きさを体感した人であれば分かりやすいということで広く使われていますね。

2つ目のメリットは、ニュアンスを伝えられるということです。敷地面積を東京ドームに例えている段階で、「面積がとても広いんですよ」というメッセージを数字と言葉の後ろに隠し持っているわけです。重さの基準として、一円玉を採用するなら軽さの表現になりますし、大きさの基準としてアリを採用すれば小ささの表現になります。

例えを使ってイメージやニュアンスを共有しようとしていますので、変な使い方をすると途端に訳が分からなくなります。「東京ドーム0・5個分の広さです」と伝えられても、広いのか狭いのか判断がつきませんし、半分に切られているので広さのイメージも湧きません。「我が社の最先端工場では、省スペース工法を駆使しており、わずか東京ドーム3個分の敷地面積でのフルライン生産を実現！」などと、普段とは逆の使われ方をすると混乱してしまいますね。

数字は、事実を伝えることに有効な手段です。しかし、数字だけを聞いても、その値が大きいのか小さいのか判断がつかないことがあります。重要な報告なのに、深刻さが他のメンバーに伝わらずに問題をスルーされてしまうと、後になって悲惨な目に遭ってしまいます。そうならないためにも、「数字から言葉に翻訳して相手に伝える」という心掛けが大切になります。

仕事の上での報告であれば、やはり仕事で使う言葉や内容にしてあげるべきですね。業務報告に、東京ドーム・奈良の大仏・ピラミッドの建築費用などが飛び交っても、雑学に詳しくなりますが、肝心の業務報告の議論がおろそかになるかもしれません。

戦隊メンバーの場合、この業務改善プロジェクトの価値を伝える時に、イエローの食費を例えに持ってきました。彼にしてみれば「年間で△百万円のコスト減になります」と金額を言われるだけでなくて、自分の食費と関連付けられたことでイメージが湧きやすくなりました。

「ご飯を2倍食べられるかも」「もっと美味しいものを食べてもいいかも」などとレッドの口車に乗せられてしまった面もありますが……。

戦隊の収支が具体的に改善される規模がイメージできたことで、メンバーへのボーナスが増えたり、食事の待遇が少し良くなったりしそうだなと期待することはできるでしょう。それも荒唐無稽な期待ではなく、地に足の着いた例えに基づく現実的な期待を抱くことができるのですから、イエローのモチベーションアップにつながったことでしょう。

具体的な仕事上の数字データを分かりやすくするには、下記のような割り算が役に立ちます。

●1人当たりに換算する（1人当たり毎月100円の節約を！）

●1日当たりに換算する（1日コーヒー1杯の負担で！）
●1件当たりに換算する（1件の見積もりで50円！）

コツは、自分が普段行う仕事の単位まで割り算してあげるということです。

全体合計の大きな数字で示していると、人はどこか他人事のように考えてしまう癖があります。自分がどれだけ頑張れば、全体で目標を達成できるのかの目処も立ちにくく、数字に現実味が感じられません。人数が大きな組織であれば、自分でなくても誰かがやるだろうという甘えも生じてしまい、動きが鈍くなってしまうのです。

報告をする際に、相手が具体的にイメージしやすい例えを添えることで、数字を言葉に翻訳して伝える工夫をしてみましょう。そのためには、日頃からどのような例えがメンバーの心に刺さるか、どのような指標を日々チェックしているかを確認しておくことをお勧めします。

数字を言葉に翻訳して、少しでも相手に分かってもらいたいという工夫が感じられると、コミュニケーションも自然と改善していくものですから。

3 「5回連続で攻撃を成功させた奴を初めて見た！　普段の努力の賜物だな！」

――部下の成長を促す「努力承認術」

レッド　今回、合体ロボに搭載したバリアーの威力は凄いな、ブラック！

ブラック　予想通りの出力になってホッとしたよ。

ピンク　敵の攻撃が命中したらガラスのように割れる今までのバリアーとは大きな違いね！　ちゃんと攻撃防いでくれるんだから、大したもんだったよ。

レッド　今回はロボの操縦系を全部ブラックに任せていたんだ。防御だけでなくて、攻撃も凄かったたな！

イエロー　バリアーで敵の攻撃の出鼻をくじいて、相手がひるんでいる隙にカウンターで連続攻撃をたたき込むって気持ちいいよね！　格闘ゲームをやってる感じだったよ！

ピンク　本当ね。うちの合体ロボはこんなに身軽に動けるんだって感心したわよ。普段のカメのようなモタモタ感がなかったわね。

ブルー　レッドの操縦の腕前の話は傍に置くにしても、ブラックがこんなにも攻撃が上手だったなんて知らなかった。

レッド　全くだ。５回連続で攻撃を成功させた奴を初めて見た！　普段の努力の賜物だな！　毎日遅くまで実験した成果が出たじゃないか！

ブラック　ありがとう。また夜なべして頑張るよ！

人は「褒めると伸びる」と言われています。よくできたところをプラスに評価してフィードバックすることで、さらに成長してくれると期待するでしょう。

しかし、何でもかんでも褒めれば良いという訳ではないのです。アメリカのスタンフォード大学キャロル教授の心理学実験を紹介します。

最初に400人の小学生に簡単なパズルを解いてもらいます。簡単なのでほとんどの小学生は解くことができて、良い成績になります。

次に200人ずつAとBの2つのグループに分け、Aグループの小学生には「君には才能があるんだね！」「あなたは頭が良いね！」と能力を褒め称えます。一方で、Bグループには「諦めずに頑張ったね！」「努力の成果だね！」と努力を褒めるのです。

そして「次のパズルは簡単なものと難しいものがあるが、どちらを解きたいか？」と聞くと、能力を褒めたAグループは簡単なパズルを選び、努力を褒めたBグループは難しいパズルを選ぶ傾向があったのです。

小学生たちに解かせた問題は、両方とも難しいパズルでした。採点の結果、才能を褒められたAグループは点数が低く、努力を褒められたBグループでは点数が高くなりました。

才能を褒めたグループは難しい問題への挑戦を嫌がり、やってみてもうまく解けませんでした。逆に、努力を褒めたグループでは難しい問題に挑戦し、高得点を上げることができました。このように何を褒めるかによって、その後のパフォーマンスが大きく変わってくるのです。

成功した要因が才能となっている場合、次の問題でうまくいかなかったら「自分には才能がなかった」ということになります。自分が否定される環境はなるべく避けようとしますから、小学生たちも難しいパズルを選ぼうとしなかったわけです。

逆に、成功要因を努力とした場合、次の問題でうまくいかなかったとしても「努力が足りなかっただけ。またやればよい」となります。自分が悪いのではなくて、努力が足りなかっただけですから、パズルを解く練習をして、もう一度挑戦すれば解けるようになると考えることもできます。失うものもなく、前向きな姿勢に持っていくことができたと言えるでしょう。

仕事においても、成果を出した担当者をしっかり褒めて、他のメンバーにも影響を与えることは有効です。

当然、リーダーは勤務時間中ずっとメンバー1人ひとりを見続けるわけにもいきません。同じオフィスにいる時の振る舞いを観察し、本人からの報告を読んで、担当者がどのような努力をしたか、どこで工夫をしたかを把握しておきたいところです。

しかし、優秀な担当者に努力したポイントを直接質問しても「特別なことは何もやっていません」「普通のことを普通にやっただけです」といった言葉が返ってきてしまいがちです。高いレベルの仕事を当たり前としてやっていると、意識して周囲に言葉として伝えないのです。

褒めるべき努力ポイントが見つからず、「成績が良かった」「センスが良い」などと褒めても、本人のモチベーションが高まらず、周囲も学ぶことが乏しくなってしまいます。

そこで、仕事のどのポイントで本人が頑張っているか、数字で追い掛けてみましょう。営業であれば、商談件数・訪問件数・受注単価・成約率・新規顧客数などを見ていくと、どの工程で他の営業担当者と大きく違っているかのアタリを付けることができます。すると、報告を読む場合も注目するポイントが絞られてくることで、本人の工夫や努力の跡が見つかりやすくなります。

「新規のお客さんと話す時、何を持っていってる?」「見積もり出す時、何かプラス・アルファをやってる?」などと具体的なテーマを質問すれば、他の人がやっていなかった努力を明かしてくれるでしょう。

今回、ブラックが毎晩遅くまで、戦隊担当の社労士さんに怒られそうな寸前まで残業してバリアー実験を繰り返す姿を、レッドはしっかりと見ていました。ブラックがバリアーで防御するだけでなく、攻撃に打って出るところまで練習していたのを知っていたので、成果が出たタイミングでしっかりと努力を認めて褒めることができました。

こうすることで、プロセスを他のメンバーにも知ってもらうことができたのです。今後は、夜遅くまで作業しているブラックの元に「今度は何を開発しているの？」と質問に行って、議論に参加するメンバーも出てくるでしょう。

この時に「ブラックは天才博士だね。何作らせてもうまくいくね！」と才能だけを褒めていたら、どうなっていたでしょう？「次の武器も失敗できない＝失敗したら天才博士の座から陥落」となってしまいます。いつまでも残業と試作を続け、画期的な武器が登場することがなくなるかもしれません。

このように、本人の努力を承認して褒めることが重要ですし、努力ポイントを探り出す上でも、数字を見ておくと役に立つのです。

まとめコラム

戦隊が生産性良く平和を守る方法

イエロー ちゃんと数字を出したとしても、相手が読みづらい資料を作ったらいけないってことだね〜。

ブルー せっかくの数字が相手に伝わらないことはとても残念だしな。

レッド 結局のところ、いかに数字があったとしても人を動かしてなんぼの商売だよ、正義を守る戦隊ってのは。

イエロー そうだね、具体的な予測が数字で書かれていても、それが分かりにくかったら現場で使えないし、意味がないもんね。

ピンク もしかして、私たちがこれまで数字を苦手にしてきたのは、読んでも頭に入ってこないような資料になっていたからかなぁ？ 今までの資料が悪いってこと？

ブラック その要素はあるかもしれない。世の中には分かりにくい資料が多いし、自分しか分からないような資料を作るやつも多いからな。

ブルー せっかく数字を使って、具体的に誤解なく伝わるようにしてコミュニケー

ション費用を下げたのにな。それが相手に伝わりにくい構成になってたら本当にもったいない。

ピンク　そうならないように、何に気を付けて資料を作ればいいの？　レッド？

レッド　人に何かを実行してもらうためには、「理解」「納得」「行動」の3ステップが必要なんだ（第4章参照）。「理解」のステップでは初めて見る情報も多いので、データの見方が分かるように詳しい説明を付けておくといいな。

ブラック　「どのように読めばいいか」「どんな結論になるか」を、初心者向けに意識して説明しておくってことだな。

レッド　スタートで挫折されると悲しいからな。特に初めて読む人がいる場合や、初めて使うデータの場合は、グラフごとに説明文を1行足すくらいでいいだろう。

ピンク なるほどね。ブルー、ちゃんとメモしておくのよ。

ブルー 人に任せる気満々だな……。「納得」のステップではどうするんだ?

レッド 「ここはなぜそうなるのか」という理屈を説明するところだから、論理がしっかりしているかを確認しておくといいな。理由を明確に伝えてメンバーが腹落ちするように、しっかりフォローしておきたいところだ。

イエロー 1人当たりとか1日当たりとか、具体的で実感が湧く数字を使っていたのは、腹落ち感重視だったんだね。そうするとすんなり「行動」に移るもんね。

ブルー 数字を使うこと自体は、手段であって目的ではない。あくまでもコミュニケーション費用を抑えて、生産性良く働くことが目的だが。そのために数字に言葉を加えることが役に立つならしっかり加えていこうってことだ。人が行動しないと平和にならないさ。

レッド (最後のカッコいいとこ盗られた……)

第6章

数字に自分が騙されない、数字を使った分析のコツ

1

「スーツの生地の仕入先はどちらが得なんだろうか？」

――「こうじゃないかな？」仮説が効率化につながる理由

レッド　俺たちの戦闘スーツのリニューアルプロジェクト、進捗はどうなっている？

イエロー　先週のデザインコンペは盛り上がったもんね。1位のデザインに決まってほしいなぁ。

ブルー　これから予算と一緒に稟議を上げるところだ。

ピンク　司令の上司とか、おじいちゃん連中が突然現れて、決まったデザイン案を全てひっくり返すという最悪の事態は回避したいところね。

レッド　全くだな。この試作スーツと同じ感じになってほしいもんだ。

ブルー　予算は出来上がったかい？

ピンク　デザイン担当から1m当たりの生地の価格表が届いたのだけど、いつもの生地屋さんが他社と比べてかなり割高なのよねぇ。戦隊の業務内容を知った上でサポートしてくれるから、お願いしたいところなんだけど。年間予算で計算すると、随分と差が付いちゃってて。

イエロー　司令の時代から付き合いがあるんでしょ？　うちの戦隊、財政が厳しいのは今も昔も変わらないから、急に値上げするとは思えないなぁ。

ブルー　……ピンク、分かったぞ。いつもの生地屋は価格表の単位が間違っているな。1㎡当たりにそろえて計算してごらん。

「このペットボトルのお茶、150円です」と言われた時、「まぁ、そんなもんかな」と皆さん感じると思います。特にどこのブランドか、250㎖か、500㎖か、2ℓか、コンビニか、自販機か、スーパーマーケットかなどは何も指定していませんが、「おおよそ

ペットボトル飲料なら100〜300円の範囲に収まるはず」と考えているからです。

そのため「このペットボトルのお茶、1500円です」と言われると「その金額おかしくないですか、書き間違えていませんか？」「そんなに高いなんて、どんな特殊なお茶なんですか？」とその数字を受け入れる前に確認を行うはずです。

しかし、そのような考えや予想を全く持っていない場合は、そうはいきません。海外旅行に行った時、現地の方から土産物を熱心に紹介されて「金額はこんなもんなのかなぁ」と思ったこともあるでしょう。他の人が聞いたら驚くような価格で買ってしまっていた、という話も聞いたことがあるかと思います。

事前に考えを持って数字を見ることで、何かおかしいと判断できたり、チェックすべき項目を見直してみたりすることができます。

事例では、戦隊が普段から使う戦闘スーツの生地代が話題になっていました。戦隊で採用されるには機能・デザイン・価格で勝ち残らなくてはなりません。コンペで勝ったデザイン会社の担当者が、価格面でも予算枠を確保しやすいように生地の価格表を作ってくれていました。クライアントである戦隊にとって、このような資料提出はありがたいものです。この一覧表を見ながら、昨年実績を参考にして必要な生地の量を見積もれば、予算が作りやすいでしょう。

しかし、この担当者は一覧表を作る時にミスをしてしまっていました。長さ1m当たりの生地の単価を店に確認して一覧表を作っていたのですが、生地の幅を確認することを忘れていたのです。店によって幅がバラバラであったため、一覧表が間違いだらけだったのです。

この時、戦隊メンバーは「あの生地屋さんがそんなに高いはずがない」という考えがあったので、その数字をうのみにすることなくチェックをすることができました。結果、ブルーが幅の違いに気付いて、もう一度正しく計算し直すことになりました。

もしこのような考えを持っていなかった場合、一覧表に基づいて生地屋を選ぶことになったでしょう。もしかしたら、馴染みの店は候補に残らなかったかもしれません。

「こうじゃないかな?」という仮説の数字を持つことで、きちんと事前に確認することができ、間違った選択肢を選ぶ危険性を減らすことができます。

仮説の数字を持つ方法は、大きく分けて2つあります。

1つは経験です。自分の経験でも構いませんし、他の人が経験した記録でも結構です。

過去の出来事であれば、どのように取り組んで、結果としてどのような数字が出たかを調べることができます。このようにして仮説の数字をストックしておきましょう。

これをたくさん持っている人は、何を聞かれても「こんな感じになるんじゃない？」と予測を回答することができるようになります。当然、仕事はその都度環境や状況が変わりますから、結果も変わってきます。過去と同じような結果が出ると思い込むのは危険でしょう。

それでも、過去の実績を参考に予測しておくと、予測と違う結果になった時には「これは今までとは違う状況になっているな」と判断することができます。その時は、今までとは異なる打ち手を考えるタイミングなのかもしれません。

もう1つは、予測を計算して数字を出してみることです。前の章で説明したフェルミ推定を使って出してみると良いでしょう。最終的に、興味のある数字だけを当てずっぽうで予測しても意味がありません。たとえば売上を見積もるのであれば「人口×購入する確率×購入する時の単価」と分解してみて、それぞれの数字を考えてみるのです。

このようにして数字を見積もると、結果に重要な影響を与える要素を知ることができるようになります。「購入する確率はこの程度だ」といった要素の数字を把握しておくと、次に別の数字を見積もる時に、1個1個の要素を活用することができるという美味しい副作用もあったりします。一度計算で出した数字は、次回以降は経験になってさらに算出しやすくなっていくのです。

変な結果に騙されないように、仮説となる数字を計算して結果をストックしておきましょう。いろんな事前チェックができるようになります。

1つの仕事が終わったからといって数字を忘れ去るのではなく、1個でもいいので次回に参考になりそうな数字をメモしておくとバッチリです。

2 「怪人の攻撃成分、99%水なら安心だな」
——自分が気にしている数字だけ追いかけていると……

ブルー　昨日、怪人が事件現場に散布していった液体について、鑑識の速報が来たぞ。

イエロー　謎な奴だったね。必死になってバスの座席に液体をばらまいてたけど、一体何をしたかったのかな……僕らが到着したらすぐに逃げ出しちゃったし。

ピンク　微妙に匂いが残っていたようだけど、結局何だったの？

レッド　どれどれ……成分の99％はただの水か。拍子抜けだな。

ブラック　ただの水⁉　あの怪人は工場の通勤バスを占拠してまで、ただの水をばらまいてたっていうのか？　バスを乗っ取る下準備で戦闘員もとても大変そうだったし、奴らもだいぶ予算かけて事件を起こしたようだったがなぁ。

イエロー　最近は空気が乾燥していて風邪が流行っているから、加湿のために水をまいたのかな？

ピンク　加湿するためにバスジャックする悪の集団なんてあるわけないでしょ。

レッド　ただの水なら気にしなくてもいいか。次の作戦準備に取り掛かろう。

ブルー　待ってください、レッド。99％ただの水とはいえ、残りの１％が気になります。

イエロー　１％の成分くらい、どうってことないでしょ？

ブルー　とんでもない！　この１％の成分が生死を分けるんですよ！

ブラック　な、なんだって……。

皆さんは「水99％の液体が症状に効くと宣伝して、５００㎖当たり4万円で販売した」

という言葉を耳にした時、どのような印象を持たれるでしょうか？

「ただの水を4万円で売り付けるなんて、詐欺師の仕業に違いない」と思った方が多いと思います。ただの水はペットボトルで売られているミネラルウォーターでも130円、水道水500㎖なら1円もしないはずです。それを4万円とは暴利を貪《むさぼ》っているように思えるでしょう。

「4万円もするはずがない」と思ってしまった人は「99％」という数字が持つ説得力に騙されてしまっています。

実は、この話は「目薬」のことだったのです。

目薬は99％近くが水で、残り1～2％

が薬効成分です。この1％の成分の配合で、目薬をさした時の刺激や、目の症状の治療を行っています。目薬は10～15㎖を1000円くらいで販売しているので、500㎖に換算するとこのような価格になります。目薬の値段を聞いて「暴利を貪っている！」と怒り始める人は、ほとんどいないはずです。

多くの人は「99％ただの水ということは、同じだ」と即座に考えてしまっていたのです。そして「ミネラルウォーターや水道水と同じ効果しかない」と考え、「100円程度の水を4万円で売り付けるのはおかしい」という結論に至っていました。

これくらい99％という表現は強い影響を与えるものなのです。

ブルーが発した警告の意味も察しが付いたでしょう。1％の成分でも、人間が危険な状態になる成分はたくさんあるためです。目薬の例で考えても、あれだけ刺激があって効果があるのです。飲料水と同じように考えたり、本来の用途以外に使ったりすることは危険だとすぐに分かると思います。

数字は具体的で説得力を持っているが故に、誤って使ってしまった時の被害も大きくなります。とりわけデータを見る時には、与えられた数字や関心のある部分だけを見て判断することは大変危険です。

この例の場合「99％ただの水＝本当にただの水」と、数字をそのまま自分の直感で判断して間違えてしまっているのです。

ブルー以外の戦隊メンバーも「99％ただの水＝実害のない液体」というふうに判断してしまいました。結果的に、ただの水をばらまいた怪人の作戦の意図をつかみ損ねていたのです。

データの数字は、あくまでも数字でしかありません。ビジネスにおいても科学においても、「数字から意味を読み取る」ことが分析です。せっかくのデータも、読み間違えてしまってはうまく活用することができません。

この場合、どのような点に注意すれば良いでしょうか？

「ただの水99％」の対となる相方は１００から99を引き算した「1％の何か」になります。この1％の意味を考えてみるのです。

目薬の場合は、残り1％が製品の特徴を表す肝になるのですから、そこには意味のある数字が現れてくるはずです。

第6章

一方で「不純物が入っているかもしれないから１００％とは言えないけれど、99％と言っておけば大丈夫だろう」という意味で使った飲料水の話であれば、残りの１％には深い意味が現れてきません。

清涼飲料水も90％は水ですし、醤油も80％は水なのです。口にした時の味や効能は、相方の数％が決めることが多いですから、99％などの数字に振り回されないようにしたいですね。

また、身近なところでは、商品などのアンケートの集計結果で見る機会が多いでしょう。「我が社の新商品のアンケートを取ったのですが……購買予定なしと答えた人が90％に上っています！」という報告書を見た時、どのように考えるでしょうか？

「９割の人に買ってもらえないなら、ほとんどの人から嫌われているってことだ。この新商品はダメかもなぁ」と直感的には判断してしまいがちです。たくさんの人に買ってほしいと思って、必死に仕事に取り組んできたのに、９割の人に「私は買わない」と言われてしまうと、とてもへこんでしまいます。

しかし、大事なのは残り10％の内訳です。

これが「購買予定なし90％、絶対に買う10％」だったらどうでしょう？
一般受けはしないけど、欲しいと思うマニアはいくらでも払うという商品もあるはずです。このアンケートを取った新商品の場合、マニア心に深く刺さって、強烈なインパクトを与えることができていたのかもしれません。商品を出せば、10人に1人は確実に買ってもらえることで採算が取れるか、しっかりと試算してみるといいでしょう。

そもそも、私たちは放送されるテレビ番組の99％以上は見ていないわけですし、買い物に行ったとしても、店頭に並ぶ商品の99％以上は買わないものです。物や情報がふんだんにある中では、自分たちが選ばない選択肢の方が圧倒的に多いのですから、99％の反対側の数字に真実が潜んでいたりするのです。

3 「新型弾と旧型弾、結局どっちが有効なんだ?」
――パーセント表記のうまい活用、まずい活用

イエロー レッド、司令が「怪人用新型弾のお試しレポートを早く出せ」ってさ。

ブラック 先月始まったばかりなのに、何を急いでるんだ、司令は。

ピンク 怪人と戦う備品を国内調達にするか、世界各地の戦隊と共同でグローバル調達にするかを決める会議があるそうよ。効果が期待できるなら、新型弾のベンダーさんを調達先に推薦するって言ってたわ。

イエロー 何か、癒着的な匂いのする説明だね〜。

レッド しれっと恐ろしいことを言うな。武器の命中率は新型弾が49・3%で、旧型弾が52・9%だ。やはり使い慣れた旧型弾の方が優れているな!

ブルー 新型弾は照準通りに命中するイメージで、私の評価は高いんですがね。

ブラック ああ、ベンダーが自信たっぷりに説明するだけあって、すごく使いやすくて命中率も高かったはずだ!

レッド　経験と感想ではなくて、データで説明できないといかんぞ、君たち！　数字の上では旧型弾の方が、命中率が高くなっている。これは確かだよ。

イエロー　何か、こっちも癒着的な匂いのする分析だね～。元のデータはどうなってるの？

ブルー　……おかしいと思ったら、そういうことか！　これでは旧型弾を推薦するとは言えないよ、レッド！

パーセント表記の数字は、日常的によく使いますね。

最もよく見掛けるのは天気予報でしょう。これから出掛けるという時に、傘を持っていくかどうかを判断するには最適な指標です。

また、野球の例になりますが、バッターがヒットを打つ確率である打率は、選手の優秀さや調子を図るバロメーターになるでしょう。打率を3割台でキープしている選手は好調と言えます。一方で、1割台に低迷している選手はスランプに陥っていて、2軍で再調整になった、というスポーツニュースを見ることもあるでしょう。


パーセント表記の大きな特徴は、「比較しやすい」ということです。

天気予報では日本各地でこの地域は雨が降りそう、この地域は晴れそうと一目瞭然で分かりますね。

野球の場合も、打率は簡単に比較できますね。打率ランキングを眺めながら「この若手選手が成長してきたな」「このベテラン、夏以降に調子を落としているな」などと品評するのも1つの楽しみでしょう。

しかも、パーセント表記の数字にすることで「単位を気にしないで」比較することもあできるのです。

お店の売上が上がった時に、何の影響が大きかったかを調査することを考えてみます。

売上高は、

「お客さま1人当たりの買い物金額」×「来客数」

で求めることができます。

買い物金額の単位は円ですし、来客数の単位は人ですから、「買い物金額が100円上がった」「来客数が100人増えた」のどちらの影響が強いかを即座に判断することはできません。単位が異なりますので「100円の方が100人より大きい」などとは言えないのです。


ここで、パーセント表記の数字で考えるとどうなるでしょう?

買い物金額が1000円だったものが100円上がって1100円になると10%アップです。

来客数は1万人いたのが1万100人になったら1%アップです。

そうすれば、1人当たりの買い物金額が上がった影響の方が大きいと判断することができるでしょう。

このように、パーセント表記の数字は非常に強力な一方で、大きな弱点もあります。
そして、この弱点の部分で騙されてしまうのです。

それは「元の数字が見えなくなっている」ことです。

野球の例では、通算10打席でヒット3本の打者も、700打席でヒット210本の打者も同じ打率3割です。ヒットの本数という数字が直接見えない形になるので、安定してヒットを量産する凄い打者なのか、ラッキーでヒットを打ってその後出番のない打者なのか、打率だけでは判断がつきません。そのため、プロ野球では規定打席という一定数打席に立っていないと、ランキングに入らない仕組みになっています。

元の数字が見えないことは、どんな誤解を招くでしょうか？
戦隊の新型弾・旧型弾のデータをよく見てみましょう。（表5）

命中率のデータでは、新型弾よりも旧型弾の方が優れている結果となっています。

ブルー・ブラック・ピンクは、旧型弾よりも新型弾をたくさん使っていて、命中率も改

表5　新型弾・旧型弾の各種データ比較表

新型弾・旧型弾　比較データ

	命中回数	射撃回数	命中率
新型弾	1,224	2,481	49.3%
旧型弾	1,051	1,986	52.9%

メンバー別　新型弾　使用データ

新型弾	命中回数	射撃回数	命中率
レッド	22	61	36.1%
ブルー	701	970	72.3%
ブラック	272	364	74.7%
ピンク	104	458	22.7%
イエロー	125	628	19.9%

メンバー別　旧型弾　使用データ

旧型弾	命中回数	射撃回数	命中率
レッド	885	948	93.4%
ブルー	36	63	57.1%
ブラック	27	40	67.5%
ピンク	13	81	16.0%
イエロー	90	854	10.5%

善していることが分かりますね。

イエローは、新型も旧型もたくさん使っていますが、命中率については新型の方が優れている結果となりました。

一方、旧型弾についてはレッドが恐ろしい使用頻度と、命中率90％超えという驚異的な成績を残しています。旧型弾が大好きで、新型弾は期間中でもあまり使っていませんし、命中率も見劣りするものでした。

レッドの旧型弾を使った凄い成績に引っ張られてしまい、戦隊全体のデータで比較しても、旧型弾が優れているという結論になってしまったのです。このデータだけで、新型弾の採用見送りを判断するのは危険と言えるでしょう。

この戦隊の例のように、データにはいろいろな切り口があります。今回はメンバーごとの集計と、新型・旧型ごとの集計を行っていましたが、天気や怪人のタイプ別など、様々な切り口でデータを集計することができるのです。

そのため「元の数字は何か？」をきちんと把握しないまま、パーセント表記の数字だけを見て判断しようとすると、思わぬ落とし穴にハマってしまいます。

パーセントの数字が出てきた時、何を何で割り算して求めているのかを見る習慣を付けましょう。元の数字とペアにしながら見ていくと、「パーセントは高いけど、全体への影響は小さかった！」ということに惑わされないようになります。

まとめコラム

俺はイケメン戦隊には負けてない！

ピンク 今週の『戦隊現代』の特集見た？ イケメンがメンバーにいる戦隊の業績は、今期20%も成長したんですって！ それに引き換え、非イケメン戦隊だと5%しか成長していないのに！ これからは戦隊にもイケメンが必要ってことね。うちも早く転勤とか総選挙とか殉職とかでメンバー差し替えにならないかしら。

レッド さらっと恐ろしい願望を口に出しよるわ……。

ブルー ピンク、そのパーセント表記は怪しいぞ。データをちゃんと調べたかい？

ピンク 何ですって!? イケメンたちが私を騙してるっていうの？

ブラック 元のデータをよく見てみようぜ。イケメン戦隊が撃破した怪人数が10から12に上昇しているな。もう1つの戦隊は、倒した怪人数が60から63に上昇している。伸び率にすると、イケメンの方が成長しているように見えるのは確かだけどさ。

ブルー イケメン戦隊が結成半年以下の若いグループに対して、もう一方は3年以上のベテラン戦隊だ。顔の良さで業績を語れるデータとは言えないな。

イエロー　大きい数字と小さい数字を並べられて、「こちらの方が優秀でしょ」って言われると、つい直感的に認めちゃうけどね。これは騙されるねぇ。

レッド　数字は説得力がある分、使い方を誤ると相手を誤解させてしまう。自分も数字で騙されそうになることもあるから、考える時には一工夫欲しいところだな。

ピンク　一工夫？　何をするの？

ブルー　相方となる数字を確認することだ。パーセントだったら元の数字だ。今回は成長率20％。だったら、元の撃破数はいくつかを見ておくんだ。他にも、実績を見る時には、目標とセットで見るとかが役に立つね。

イエロー　99％って言われたら、相方の残り1％を見ておけって話もあったね。

ブラック　そうだな。「99％安全です！」って言っても、世間で起こる事故の大半は発生確率1％未満なんだから、そんな発言は意味がないんだが。なぜか99％って言われると安心してしまうんだよ。

レッド　分かりやすい数字を見て、それから実態の数字を見ろってことなんだろうな。1つの数字で全てを表すことはできないのだから、その数字以外の部分をカバーしておかないと情報が漏れ落ちてしまうんだよ。

イエロー　ネット上にある情報を見る時にも気を付けないとね。そもそもデータ集計には作り手の意図がこもっているから、自分が流用しても平気かはきちんと見定めないと危険なんだよね。今回も『戦隊現代』の記事をきっかけに、非イケメンメンバーの処遇が悪化してたら、君たちは大変なことだったよ！

第７章

数字を使ってはいけないチーム運営のタイミング

1 ×「今日の反省を入力しておいてくれ！　解散！」

――メンバー間の情報共有の手間まで全部省こうとする

イエロー　今日の敵も厄介だったねー

ピンク　勝ったから良かったけど、手強くなってるのね。

レッド　みんな、今回から戦いが終わった後の反省会をなくして、代わりにアンケートを用意したぞ！　スマホから回答できるから、今日の反省を入力しておいてくれ！　解散！

ブラック　まぁ、早く帰ることができるなら悪くないが……どれどれ。

> 今日は戦闘員・怪人との激しい戦い、お疲れ様でした♪
> 今後の参考とするため、下記のアンケートに回答の上、帰宅してくださいね！
> 今日のあなたの戦い方はどうでしたか？（悪かった ↑ まぁまぁ ↓ 良かった）

今日の他メンバーの戦い方はどうでしたか？（悪かった↑まぁまぁ↓良かった）
今日の戦闘員はどうでしたか？（手強かった↑まぁまぁ↓楽勝だった）
今日は何人の戦闘員を撃退しましたか？（　）人
今日の怪人はどうでしたか？（手強かった↑まぁまぁ↓楽勝だった）
今日の合体技はどうでしたか？（悪かった↑まぁまぁ↓良かった）
今日の重機の操縦はどうでしたか？（悪かった↑まぁまぁ↓良かった）
今日の合体ロボはどうでしたか？（悪かった↑まぁまぁ↓良かった）
今日の巨大化怪人はどうでしたか？（悪かった↑まぁまぁ↓良かった）
気付きがあれば記入してください（　）

ブルー　データを取ろうという姿勢はいいにしても、このままでは危ないな……。

皆さんもアンケートに回答する機会があるかと思います。イベントに参加した時の来場客の満足度調査や、インターネット上の調査アンケートなど、様々なものが存在します。
特にイベント後のアンケートは、イベント参加者がリアルな体験をしたばかりなため、詳しい質問でも回答しやすいという特徴があります。記憶が新鮮なうちにたくさん書いてもらうことで、主催者はイベントに関する情報をアンケートから得ることができます。また、「アンケートに答える」という行動を通じて、イベントに対する良い印象を定着させるといった効果も期待できるのです。

最近では、イベント後のアンケートもインターネット上のアンケートに置き換えているところも出てきています。従来は参加者に紙で記入してもらって、スタッフが集計するという形でした。現在では参加者がログインして回答していくと、集計結果が自動計算されて表示されるのですから、以前に比べて格段に効率化しました。大量の紙アンケートの回答を見ながら入力し、それが終わったら集計を行うという作業から解放されて、とても便利に活用することができています。満足度などの数字データを扱う上で、インターネット上のアンケートは非常に効果的ですし、相性が良いのです。

今回、レッドはマンネリ化している上に長引きがちな反省会をやめ、メンバーを早い時間帯に帰宅させてリフレッシュしてもらおうと思い立ちました。

単純に反省会をやめるのではなく、アンケートを取ってデータを取る部分はしっかりやろうと考えて、スマートフォンで回答可能なページを作成していたのです。継続してデー

タを取りためていくことで、有意義な解析ができるデータが集まるでしょう。
そして最後の自由解答欄を設けました。感じたことを自由に書き込んでもらってみんなで共有しておけば、それを見て次回に生かせるだろうと考えたのです。

さて、このアンケートの自由解答欄は反省会のやりとりの代わりになるものでしょうか？

1つ目は、参加者の発言が実際に会う時よりも少なくなります。
直接会っていれば「ついでに」話したかもしれないけれど、「PCやスマホに入力して、言葉にするほどの内容でもないな」と感じてしまうことはありませんか？　そういったことは、わざわざ書き込んだりはしません。文章で伝えにくいと感じることも、発言内容からは外れていくでしょう。
これらは手間を減らして効率化はされていますが、実際に会って話す時よりもコミュニケーションの成果が乏しくなってしまいます。

2つ目は言語化の壁です。人間は言葉にして説明するのが得意な人もいれば、苦手な人もいます。みんなで会って話をしていると、「私もそう思っていた」「そう、それが言いたかったんだ！」となることはありませんか。そのように、他の人の発言を呼び水にして自分の意見を言葉にできる効果があるのです。自分1人でアンケートに答えていると、言語化の壁を超えられなかったら最後、他の人には決して伝わりません。

戦隊メンバーの危険なミッションから考えれば、今回の怪人はどうだったか、武器や合体ロボットに改善ポイントはないか、様々な意見が出てくることでしょう。
他メンバーの意見の中には共感できる点もあれば、反対する点もあるでしょう。なぜ共感するのか、どういったポイントが納得いかないのかというふうに、自分の意見を述べるだけではなく、相手の意見の背景をしっかりと深掘りしていくことによって、議論が活発になって多くのアイデアが集まっていきます。

図にするとこのような形です。（図1）

図1　発散型コミュニケーションと集束型コミュニケーション

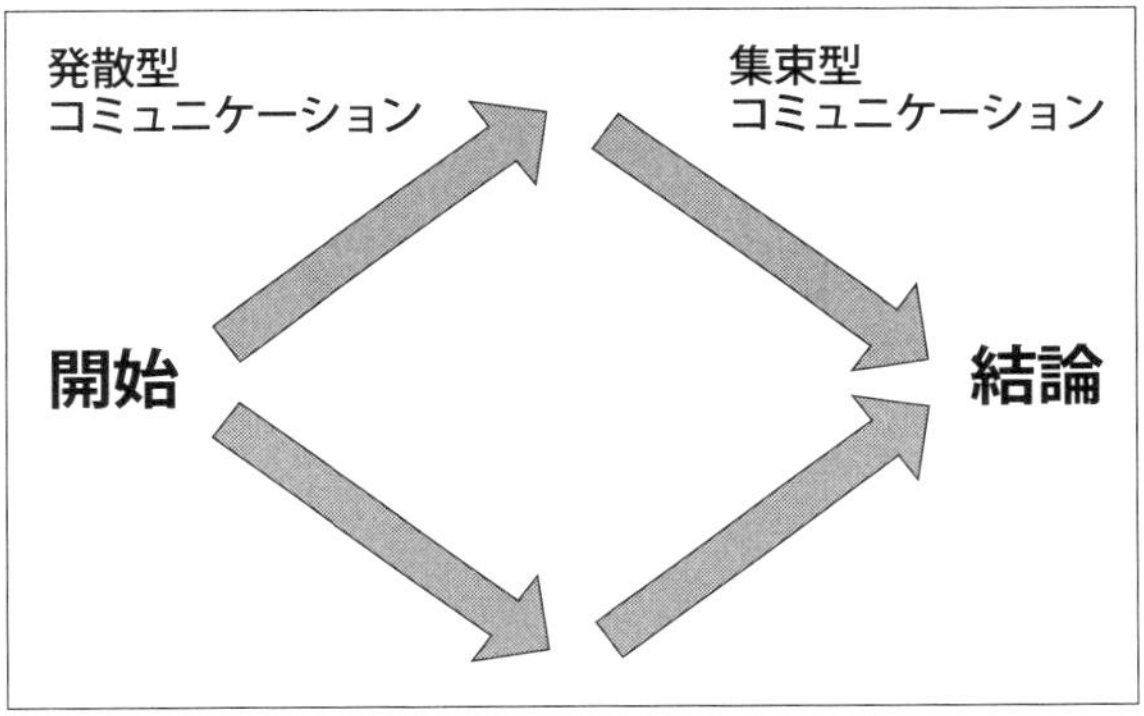

最初はいろいろな意見を出し合って共有していきます。この部分を「発散型コミュニケーション」と言います。ここでは質より量で、たくさんのアイデアを出して吟味していくことで、可能性を広げていきます。

いろいろな可能性を広げて考えた後、方針を定めて実行策を検討していきます。この後はたくさん出した選択肢をつぶして、最も良いものを選んでいく議論になります。これを「集束型コミュニケーション」と呼びます。ここでは具体的・客観的な数字の見積もりが必要になってきます。

逆に、最初から数字だけで効果の高そうなものだけピックアップしようとしても、狭い範囲でだけものを考えてしまいがちです。

リアルタイムの議論が大切な場面と数字が大切な場面があります。今は広げる時か、絞る時かをぜひ考えてみましょう。

×2「次回の作戦アイデアを効果見込みと一緒に報告してくれ！」

——数字化できるアイデアだけに縛られて、画期的なアイデアが出なくなる

レッド　今日は新作戦検討合宿の1日目だ。この合宿の最終日に決まる新作戦が、俺たちの今年度の命運を握っているんだ！　ブルー、なんかテンションの上がるアイデアはないか？

ブルー　そうだな。合体ロボの合体・変形機構をなくしてただの巨大ロボにするのはどうか？　メンテナンスも随分と楽になるし、私たちの操縦訓練時間も半分で済む。

イエロー　なるほど！　巨大合体ロボは扱いが大変だもんね。だったらロボを使わずに、僕たちが怪人たちと同じように巨大化して戦うってのはどう？　ロボも操縦訓練もいらなくなるから安上がりだよ？

ピンク　あのねぇ。ブルーもイエローも合体ロボをなくしたがってるけど、スポンサーの

意向も組みなさいよね、いい大人なんだから。

レッド ブルーのアイデアは、成果は分かりやすいけど、斬新さがないよなぁ。イエローのは斬新だけど、巨大化にいくらお金がかかるか分からないし。

ブラック まあ、そりゃそうだろうな。

レッド 片方だけじゃダメなんだよ。今までやったことがない作戦で、成果の見積もりのあるプランが欲しいんだ！ それを思いつかないと合宿から帰らないぞ！

「誰も想像したことがないようなプラン」と「収支予測ができるプラン」。この2つはどちらかを実現しようとすると、もう1つができなくなるという「トレードオフ」と呼ばれる関係にあります。

「そんな、どこかで聞いたような計画じゃなくてさ！ もっと夢があって、業績がパーっと上がるような、そんなアイデアはないのか？」

「そんなに縮こまってたら小さなアイデアしか出てこないだろ。もっと大胆に何でも考えを出すんだよ！」

などなど、やたら「画期的」「斬新」「史上初」といった言葉を強調された経験、ありませんか？

そのような新しいことを生み出そうという議論、なかなか苦しいですが組織にとっては大切なことです。今までやったことがあるアイデアを少しずつ改良していくのも1つの進歩ですが、やったことがないことに挑戦して、その経験から学んで成長することができるのです。

本当に画期的なアイデアであれば、成功するどころか、そもそもアイデアから生まれたプランを実行できるかどうかすら怪しいでしょう。分からない点が多過ぎて、将来を完全に見通せているとは言えません。

そんな状態ですから、収支予測の立てようがありません。少しは似ているアイデアを参考にしながら数字をひねり出すしかありませんが、精度が高くならないでしょう。

一方で、収支予測がバッチリできるプランというのは、数字を導く式が全て整っている状態です。豊富な経験がある分野で、過去の成功・失敗事例を参考にして考えているため、どうやったら成功する確率が高くなるかを十分検討しています。

安定した予測をするには、十分な経験と実績が必要ですから、画期的とは程遠いプランになるでしょう。

逆に言えば、収支予測がしっかりできるプランを出すことにこだわり過ぎると、画期的なアイデアは自然と出てこなくなるのです。

今回、レッドは新しい作戦のアイデアを募集しました。そのための合宿を開いているようです。そこで、今までにない画期的なアイデアから議論して、新しい作戦を作り出したいそうです。

そのこと自体は問題なく、メンバーも「合体変形をなくせば良い」「むしろ俺が巨大化」といった、本気とも冗談ともつかぬアイデアを出しながら議論が始まりました。

少しずつ議論が始まったところでしたが、レッドはここで「画期的で、なおかつ将来予測の数字を持つアイデアを出すように」という制約を付けてしまいました。

もちろん、この両方が実現した理想的なアイデアであれば、承認するリーダーにとってもリスクがなくて安心できます。

しかし、残念ながらこんな夢みたいなアイデアは存在していないのです。

おそらく、今回の新作戦検討合宿は、成果を予測しやすいアイデアを出しては「画期的じゃない！」と言われ、やがて誰も発言しなくなることでしょう。

前節で説明した模式図が再び登場します（P219参照）。

議論のスタートは発散型コミュニケーションから始まります。アイデア合宿の初日であれば、質より量を優先して、実現可能性などはひとまず脇に置いて、たくさんのアイデアを出し続けることが望ましいのです。「ブレインストーミング」と呼ばれる方法で、研修などでも使われていますね。

最初からグループでやることもあれば、個人で黙々とアイデアを付箋に書き出していって、後から統合するというやり方を取る場合もあります。

他のアイデアを見て思いついたことや連想したことなども、一通り書き出すところまでが発散型コミュニケーションです。

思いつきレベルのアイデアを、広く、たくさん出し尽くした段階で、今度は集束型コミュニケーションに切り替えていくのです。

アイデアが書かれている付箋をグルーピングしてまとめたり、並べ替えたりしながら整理していきます。メンバーが出し合っているアイデアですから、中には重複しているものも必ずあります。それらをメンバーが見ながらまとめて、候補を作っていくのです。

候補ができると、次には実現可能性や予算などを評価していきます。もちろん、この段階においても画期的なアイデアの場合は、予算がどうなるかすぐに計算できないかもしれません。

しかし、ここまでの議論を経て十分な情報がメンバー内で共有されていれば、「あのやり方が通用するのではないか」「このプロジェクトの見積もりの仕方に少し似ているかも」などのアイデアが出てくるはずです。

最初から画期的なものがポンと現れて評価するのではなく、ここまでの議論でコミュニケーションを交わしてきたからこそ、見積もりのアイデアも湧いてくるようになるのです。

「アイデアが先、数字は後」

最初から数字でふるいにかけようとすると、何も出てこなくなりますので、中盤の峠を越えてから数字を使うようにしていきましょう。

3 ×「さっさと決めてくださいよ。30分も過ぎてますよ」

――会議の意味合いを誤解してプレッシャーをかけてしまう

イエロー 僕は6人目のメンバー追加は歓迎だよ。戦力が増えてありがたいし。

ブラック 候補者はもういるのか？ 結局、一緒に戦っていけるかという人柄次第だよ。最初から増員ありきの議論は嫌だけどね。

ブルー ここ最近、攻撃のフォーメーションを怪人に見破られるケースも増えてきています。テコ入れはあった方が良いかと。

レッド 増員して6人にすると、3対3で意見が割れたら決められなくなるぜ？ 団結力が下がって良くないと思うんだよなぁ。

イエロー 腕力のある人がもう1人欲しいよ！ 力仕事になると、やたら僕に集中するし。

ブラック それ、自分が楽したいからじゃねぇのかよ。

ピンク あのねぇ……、戦隊に6人目を追加するかどうかの議論、いつまでやってるのよ！

レッド　とは言ってもなぁ。さっき司令から議論しておくように言われたばっかりだぜ。
そうそう簡単に決められるテーマでもないだろう。

ピンク　そんなこと言ってるから、うちの戦隊は会議の生産性が低いんでしょ。さっさと決めてくださいよ。30分も過ぎてますよ！

いつまでも長々と続く会議。議論のテーマは配布済み資料から早々に離陸し、予定されていなかった議論が空中を乱れ飛ぶ。大半の人が真面目に議論を聞くふりをしながら、手元のパソコンで黙々と内職を継続。とうとう発言する人が「そもそも論」に立ち返ってしまい、３時間前の状態まで逆戻り……。

そんな、げっそりするような会議の経験はないでしょうか？

「日本は会議が多過ぎる！」「会議時間を短くして効率化しよう！」という内容の本もたくさん出回っています。

●事前に資料を作成して読んで会議に参加してもらう
●議題を明確にし、ゴールを設定する
●スケジュールをしっかり定める

●議論はホワイトボードに文字化しながら進める
●議事録はホワイトボードを撮影して配布。文字起こしは省略
など、いろんなノウハウが紹介されています。

そもそも、会議の生産性を上げるためには、会議にかける手間を減らすか、会議後に実行した成果を増やすかのどちらかが必要です。

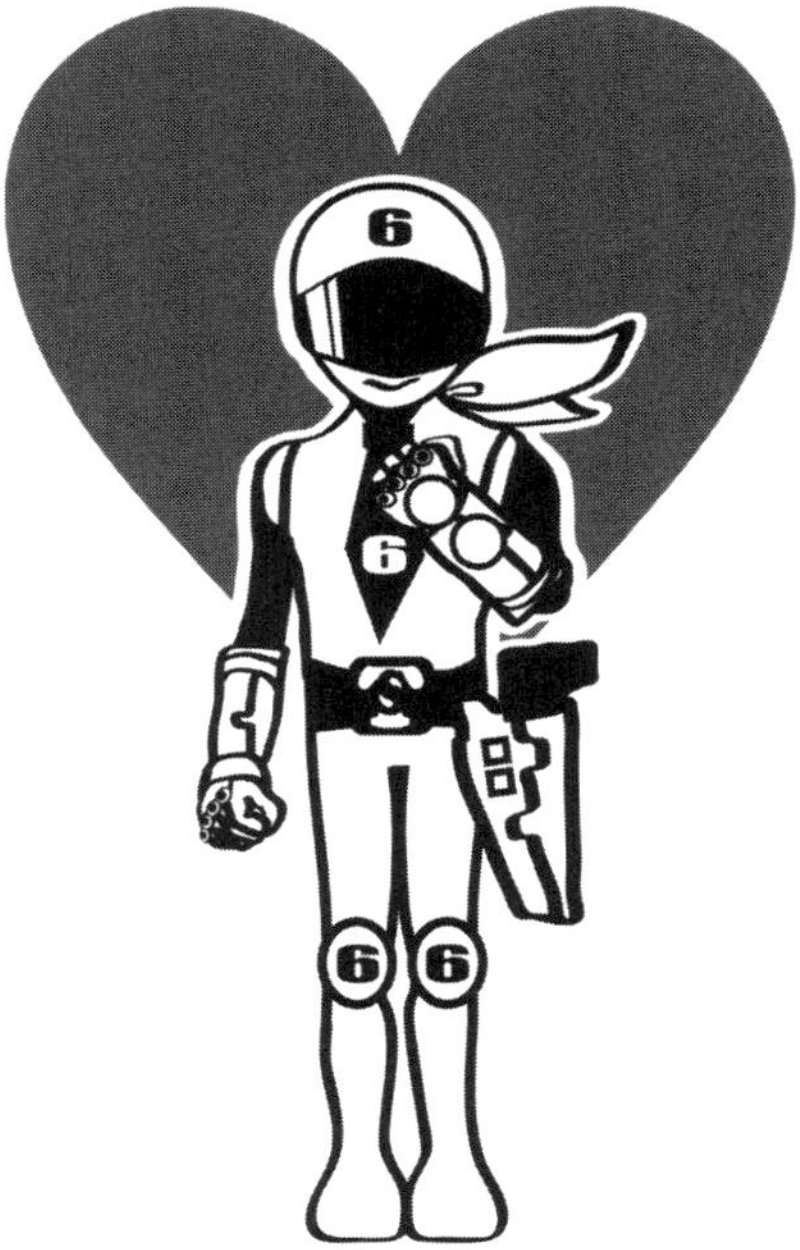

ビジネス書でよく紹介される会議を短くする方法は、会議にかける手間を減らすノウハウが主流になっています。これらは実施すると早く成果が出るので、何も手を付けていない場合は取り入れてみることをお勧めします。

しかし、1つ注意点があります。

会議を効率化する時短術を使うと、会議の生産性を落としてしまうケースがあるのです。会議にかける手間が削減されて生産性が上がるはずなのに、逆に下がってしまう。それくらい、会議の成果を落としてしまうことがあります。

それは、会議の目的が「意思決定ではない時」です。

ここでも、この図を使って解説します。（図2）

最初に意見やアイデアを制限なく広く集める

図2　発散型コミュニケーションと集束型コミュニケーション

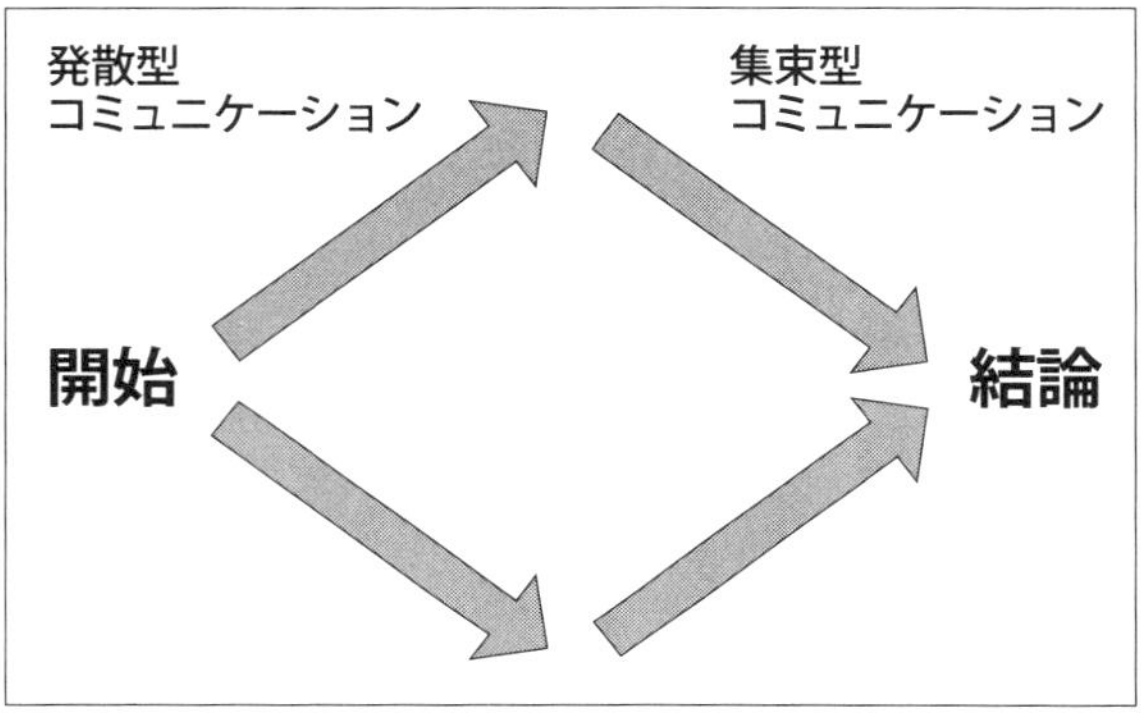

発散型コミュニケーションを行い、その後で選択肢を絞り込んで結論にたどり着く集束型コミュニケーションを行うという流れをご説明しました。

中には、一度の会議で発散と集束を全て終えることが難しいテーマも存在します。組織の将来を左右するような大きなテーマである場合、時間的にも無理があるでしょう。

そのため、会議を分割して、発散型コミュニケーションを行う回と、集束型コミュニケーションを行う回に分割することもあるでしょう。もちろん、それぞれの会議も複数回にわたって開くことがあります。

今回、戦隊が議論していたのは「戦隊メンバーに6人目を追加するかどうか?」というテーマでした。彼らにとっては、体制そのものに関わる重要な問題です。

10人を一度に追加するというプランは、戦隊メンバー内のコミュニケーション費用を一気に押し上げてしまい、連携を取ることが不十分になるでしょう。しかし、現在5人いるところに1人を追加して、時間をかけて訓練するということであれば、コミュニケーションの問題は乗り越えることができそうです。

司令の方で予算を確保したとしても、武器や戦闘スーツはどうするのか、5つの小ロボットが合体するように作られている中で、6人目のロボットはどうするのか、合体せずに個別にロボに乗って戦ってもらうのか、などなど、検討課題はたくさんあります。

もちろん、最終的には「6人目を追加すべきである」「5人のままでいくべきである」といった結論にたどり着くことが求められています。しかし、検討しなくてはならない要素が多いため、これを1回の会議で決議するのではなくて、何回かに分割することになります。

議論の最初の方、つまり発散型コミュニケーションを行う回では、腹を割っていろいろな話をし、意見や質問をお互いに聞いていきます。これは「メンバーが何を考え、どこを問題と思っているか」を出し合っていくという意見交換の場になっています。それと同時に、メンバーが普段から思っていることが直接出てくるという、相互理解の場でもあるのです。このようなやりとりを繰り返していくことで、アイデアを出し合うと同時に、「彼はこんなことを考えているのか」と相互理解を深めていけるのです。

そのため、このタイミングの会議の時に「発言時間を短く切って、時間がきたら終わる」「事前にアイデアを記載したリストを作っておく」などの会議時短術を使うと、発散型コミュニケーションが思うように行えません。消化不良のまま会議が終了してしまい、時間も短く済んだけど、成果も小さかったという結果に終わってしまいます。

時短会議を使うか、じっくり語り合うか、会議のテーマを事前にしっかりと定めておくことが大切です。「次の会議では、30分間このテーマについて意見交換を行う」といったふうに、結論を出すのではなく意見を集めることが目的であることを明言するのです。これがないと「結論に至ると思えないような自由な意見」が最初から削ぎ落とされてしまい、十分検討した結論に至ることができません。

発散型か集束型かをしっかり見極め、発散型の時は思う存分に語り、集束型の時は数字を用いて客観的に絞り込んでいく。そのようなメリハリが重要になっています。

×4 「失敗すると査定が下がるから、今のままでいいよ」

——数字が人の心配する気持ちに刺さり過ぎる使い方をしてしまう

ピンク あれ、レッドが本読んでる！ レッド、字が読めたんだね。

ブラック ピンクの驚きにさりげなく毒が入ってるな……レッド、何の本だい？

レッド これだよ、『月刊 戦隊人事』。司令に読んでおけって渡されてね。世界中の戦隊の人材マネジメントに関する論文が集まってるんだ。

イエロー 聞いただけで読む気がうせる本だね……面白いの？

レッド 国が違うと、戦隊メンバーの意識も変わるという点は面白いな。

ブルー それは興味深いですね。司令が読んでほしかった記事はどれなんですか？

レッド 戦隊のパフォーマンスにボーナスの額がどう影響するかの論文だ。役割分担の多い小チーム制で、メンバーの感じる公平性がどうたらこうたらと。

ピンク どれどれ……確かに、個人ごとのボーナスをどう設定するか、悩ましい問題ね。戦い方の数字目標を細かく決めて、達成したら上がって、未達なら下がる仕組みを入

れた戦隊もあったそうよ。

ブルー　この仕組みだと、新しい戦い方で失敗したら査定が下がるから、現状維持を選ぶ人が増えるだろうな……

次の2つの状況と、その時の気持ちを想像してみてください。

①偶然にも1万円をもらえた、嬉しい！

②偶然にも1万円をなくした、悲しい！

状況①は、ビンゴ大会などのイベントの景品で1万円分の商品券がもらえた時とか、自分の本棚を片付けていたら、封筒に入った1万円がひょっこり出てきた時とかのイメージです。事前には予想していなかった幸運ですので、とても嬉しいことでしょう。

第7章

逆に状況②は、財布を開けてお金を支払う際に間違えて落としてしまった時とか、財布自体を置き忘れてしまった時などでしょう。こちらも予想外の展開ですが、内容が不運だけにとても悲しくなるでしょう。

状況①も状況②も金額は同じ1万円ですね。

ではここで質問です。

「どちらが強く印象に残りますか？」

多くの方が②の「偶然にも1万円をなくした、悲しい！」を選んだのではないでしょうか？

幸運にも、偶然1万円を得た時の喜びよりも、不運にも偶然1万円をなくした悲しさの方が、自分にとってはショックな出来事だと感じるはずです。同じ金額であっても、得る時と失う時とで比較した場合、人間は失うことを恐れる傾向があります。

人間が利益を得るよりも損失を回避することを選ぼうとすることを、行動心理学では

「損失回避の法則」と呼びます。損失が具体的にイメージできると、人はそれを全力で回避しようとし始めるのです。

『月刊　戦隊人事』に掲載された事例では、戦闘員や怪人との戦い方に判定基準を設けて、それを達成すればボーナス査定が上がり、未達であれば査定が下がるという仕組みが紹介されていました。

戦闘員との戦いで射撃を外したりすると減点、きちんとダメージを与えて対峙すると得点という形になっていると、何が起こるでしょう？

当然、自分が不得手な攻撃手段は一切取らなくなるでしょう。攻撃を外して減点されると、査定が下がって困りますね。すると、失敗しそうな新しい攻撃方法に挑戦することは極力避け、自分に経験があって得意としている戦い方だけを実行するようになるでしょう。戦い方がどんどんお決まりのパターンになっていき、怪人たちに攻撃パターンを読まれ、弱点を突かれることもあるかもしれません。

この時の事例は、何がまずかったでしょうか？

それは「損失回避の法則」を軽く考えてしまっていたことです。

もちろん、仕事の上の査定ですから、実績が出れば上がりますし、不十分な実績で終われば下がることもあるでしょう。

失敗して失う危険性のある金額が分かった場合、「うまくいけば同じ金額がゲットできるかもよ」と励ましたら頑張るものでしょうか？　残念ながら損失回避の法則から考えると、失敗という損失を避ける方向に考えますから、差をつけないと意味がないのです。

数字は明確で具体的であるが故に、大きな説得力を持つことをお伝えしてきました。しかし、これが「いくら損をするか？」という損失の話になると、数字が持つ説得力が厄介な方向に影響してしまうのです。それは人間が損失を重要視していて、全力でそれを回避しようとするため、避けることが難しいからなのです。

ボーナス査定という今回の事例の場合、最終的には数字という客観的な判断基準や結果を出すことが求められます。しかし、失敗の影響が大きいということが具体的に示されてしまい、保守的な戦術をとるようになっていくでしょう。レッドが強引に新しい挑戦を指示したとしても、メンバーのモチベーションは大きく下がってしまうでしょう。

では、今回はどのように対処するべきでしょうか？

まずは基準から上がったり下がったりするのではなく、常に加算される仕組みを取り入れることです。現状よりも下がるという心理が入ってくると、途端に保守的になってしまいます。そこで、成績によって加点されるか、現状維持かという選択肢に持ち込むのです。現状維持も加点に比べればマイナスな動きですが、今から下がることはないと考えられることは、過剰な損失回避になることを防止できます。

次に、メンバーにどのように行動してもらいたいかをきちんと考えて、査定方法を設計することです。

どんな環境でも、ルーティン通りに正確にやり抜くことが大切な仕事もあるでしょう。そのような場合においては、マニュアルから外れた行動に対してペナルティーを課す（全く加点されない）、というやり方はマッチするかもしれません。

逆に、メンバーに新しいことにチャレンジしてもらいたいのであれば、メンバー自身にチャレンジする分野を決めてもらい、その行動については失敗をマイナスカウントしないといったやり方もあるでしょう。

マイナスの数字は、「損をしないようにしよう！」という方向に動かす力がかなり強いのです。働く人のモチベーションを下げる方向に行っては大問題です。そのようなことがないように、人は損失額を大きく評価することをしっかり把握しておきましょう。

まとめコラム

数字を使うなってどういうこと?

ピンク 6章までは「数字を使え！」ってやってきたのに、7章になると「数字を使うんじゃない！」とくるとはね。この本、一貫性がないんじゃない?

レッド なんでうちの戦隊メンバーは事あるごとに毒を吐くんだ……。

ブルー レッドのために補足しておこう。元々の狙いは、コミュニケーション費用を下げてやりとりの手間を軽くし、手戻りをなくしたいということだよ。それを達成するために役に立つのが、数字を使ったコミュニケーションという位置付けなんだ。

イエロー それはそうだねぇ。

ピンク ということは、数字を使うと逆にコミュニケーション費用が上がってしまう場合もあるっていうこと?

ブルー その通り！　コミュニケーション費用を下げることが本来の目的であり、数字を使うのはあくまでも手段だからね。手段が万能ってわけではないから、数字を使ってはまずい状況を説明しているんだよ。

ブラック　情報共有やアイデア出しは、数字を使うよりも、リアルで会ってざっくばらんに会話した方が順調に進むって書いてあったな。

レッド　感情や思いといった、主観的なイメージを共有する時には特に効くね。文書に落とし込むと、大事なことや感じたことが微妙に抜け落ちているようにも感じるんだよ。それだけリッチな情報を扱っているのだから、なるべく多くの情報が拾えるようにしておくと良いと思うな。

ピンク　「目は口ほどに物を言い」って、コミュニケーションの時に役に立つってことね。口では軽いこと言ってても、目が笑ってない時あるからね。

イエロー　他にも、「議論は最初に広く発散させて、それから集束させるべし」ってあるよ。

レッド　数字は具体的・現実的な要素を強く持っているからな。話をまとめていく後半の議論には向いているんだが、突飛な意見でもなんでも歓迎しながら情報を広げていく前半の議論には全く向いていない。議論の前半パートにいるのに「目標金額は?」「達成確率は?」「利益は?」というツッコミを入れ続けると、せっかく出てきたアイデアを深掘りする前に踏み潰してしまう結果になる。

ピンク　それは避けたいわね……、相手もますます数字嫌いになるだろうし。

ブラック　後は、ネガティブな影響を数字で説明し続けるのも避けたいところだ。危機感を共有してもらいたいがあまり、いかに悲惨な状況にあるかを述べ続けると、どんどんモチベーションも下がっていく。具体的であるが故に負の効果もデカいものだ。

ピンク　なるほど。要するに、バカとハサミは使いようってことね。

レッド　最後までこのノリかよ……。

おわりに

最後までお読みいただきありがとうございました。

チームメンバーが少ない間は、やりとりに何の問題もなかったのに、大所帯になってくると情報が行き渡らなくなる。会社だけでなく、学校の部活や地域のサークルでも、同じようなことを経験したことがあるのではないでしょうか。

昔のように決まったオフィス、決まった業務内容、人事異動と新人配属は定期的という業務環境であれば、時間さえたてばチームもこなれていきました。体制が変わった時に、コミュニケーション費用が一時的に高くなったとしても、その後は時間の経過と共に阿吽の呼吸ができるようになっていきました。コミュニケーションにかかる手間は、自然と下がっていったわけです。

しかしながら、育児や介護を含めて多様な働き方をするメンバーが混在するようになった現在、時間さえたてばチームワークが機能するようになると安易に考えるのは危険と言えるでしょう。仕事で処理すべき情報量が膨大になっている一方で、働く時間は限られています。効率的に処理していきたいところですが、仕事の報告が上司の意図と異なって手戻りを繰り返すようでは、いつまでたっても仕事が終わりません。

それに、時間の重要性もますます高まっています。仕事にかける時間を短縮してコストを抑え、他社よりも早く成果を出してビジネス競争に勝つ。スピード競争が激しくなっている中で、非効率な働き方を長時間残業でカバーするやり方では勝ち抜いていけません。

コミュニケーション費用が自然に下がることを待つのではなく、積極的にコミュニケーションを設計して、手戻りの少ない報告の仕方を提案することが本書の狙いです。

その方法として、数字を使って具体的な報告を行うやり方や注意点をまとめました。

戦隊モノは、最も効率的に働いている理想チームだと思います。特撮・アニメ好きな著者に限らず、誰もが子どもの頃に見たことがあって、共通認識を持ちやすいことを鑑みて題材とさせていただきました。

これもコミュニケーション費用を省いて、印象を共有する工夫と言えるかもしれません。皆さんが肩の力を抜きつつ、チームをまとめる工夫を感じ取っていただけたのであれば大変嬉しく思います。

本書の出版に際しては、合同フォレストの山中洋二さん・山崎絵里子さんに大変お世話になりました。また、本書の内容にマッチしたイラストを描いてくださった松村久良さんにもお礼申し上げます。

出版に伴う企画書作成・編集者の皆様とのご縁を取り持ってくださったネクストサービス株式会社の皆さん・著者スクールの仲間たちに心から感謝を申し上げます。

本書が「効率改善・生産性向上」の役に立つことを、心から願っています。

２０１８年11月

理系中小企業診断士
佐々木達郎

● 著者プロフィール

佐々木　達郎（ささき　たつお）

早稲田大学ビジネス・ファイナンス研究センター招聘研究員
理系中小企業診断士
経営管理修士（MBA）

東京大学大学院で物理化学を、早稲田大学ビジネススクールで経営を学んだ科学とビジネスの両方に精通するエキスパート。

部下からの報告書を何度も差し戻して残業させていた管理職時代、部下がまともな報告をしてこない点に不満を抱いていた。しかし、部下の報告水準がバラつく原因は、自分が職場でのコミュニケーション設計を怠っていたことにあると気付いて猛反省。
報告に数字を使って手戻りのないコミュニケーション方法を設計することで、職場での報告を標準化・効率化する手法を開発。
効率化して生み出した時間を使って顧客に対する価値を作り込むことこそが生産性改善の鍵と信じ、技術・経営の両方の知識を元に新規事業や設備投資計画の作成を支援している。

企画協力　ネクストサービス株式会社　代表取締役　松尾 昭仁
組　　版　GALLAP
装　　幀　株式会社クリエイティブ・コンセプト
イラスト　松村 久良

戦隊ヒーローから学ぶ
数字活用コミュニケーション術
——報告に数字を盛り込んで、
会議を半減！ 会話を倍増！ 生産性アップ！

2018年12月20日　第1刷発行

著　者　佐々木 達郎
発行者　山中 洋二
発　行　合同フォレスト株式会社
郵便番号 101-0051
東京都千代田区神田神保町 1-44
電話 03（3291）5200　FAX 03（3294）3509
振替 00170-4-324578
ホームページ http://www.godo-shuppan.co.jp/forest
発　売　合同出版株式会社
郵便番号 101-0051
東京都千代田区神田神保町 1-44
電話 03（3294）3506　FAX 03（3294）3509
印刷・製本　株式会社シナノ

ISBN 978-4-7726-6122-5　NDC 336　188×130